O CAMINHO
DO PEREGRINO

LAURENTINO GOMES
OSMAR LUDOVICO

O CAMINHO DO PEREGRINO

Seguindo os passos de
Jesus na Terra Santa

Ilustrações de
Cláudio Pastro

Copyright © 2015 Laurentino Gomes
Copyright © 2015 Osmar Ludovico da Silva

Todos os direitos reservados. Nenhuma parte desta edição pode ser utilizada ou reproduzida — em qualquer meio ou forma, seja mecânico ou eletrônico, fotocópia, gravação etc. — nem apropriada ou estocada em sistema de banco de dados, sem a expressa autorização da editora.

Texto fixado conforme as regras do Novo Acordo Ortográfico da Língua Portuguesa (Decreto Legislativo nº 54, de 1995).

Editor responsável: Estevão Azevedo
Editora assistente: Elisa Martins
Preparação de texto: Tomoe Moroizumi
Revisão: Jane Pessoa
Diagramação: Gisele Baptista de Oliveira
Capa: Mariana Bernd
Imagem de capa: Afresco Emaús de Cláudio Pastro, na capela do Colégio Santo André, São José do Rio Preto, SP

1ª edição, 2015

CIP-BRASIL. CATALOGAÇÃO-NA-FONTE
SINDICATO NACIONAL DOS EDITORES DE LIVROS, RJ

G612c

Gomes, Laurentino,
O caminho do peregrino : seguindo os passos de Jesus na Terra Santa / Laurentino Gomes, Osmar Ludovico ; ilustrações de Cláudio Pastro. - 1. ed. - São Paulo : Globo, 2015.
il.

ISBN 9788525061089

1. Peregrinos e peregrinações cristãs - Oriente Médio. 2. Jerusalém-Descrição. 3. Espiritualidade. I. Ludovico, Osmar. II. Pastro, Cláudio. III. Título.

15-24809

CDD: 915.694
CDU: 913(5-15)

Editora Globo S.A.
Av. Jaguaré, 1485 — Jaguaré
05346-902 — São Paulo — SP
www.globolivros.com.br

Para Carmen e Isabelle,
companheiras de peregrinação

Sumário

Parte I: História e geografia de uma promessa
Introdução 13
Grandes revelações, sofrimentos e esperanças 37
Mapa da Terra Santa 39
Israel no tempo de Jesus 40

Parte II: A Galileia
As águas e os desertos 51
Meditações sobre Jesus na Galileia

Maria, mãe de Jesus 58
Uma vida de entrega e obediência a Deus 59

O nascimento de Jesus Cristo 68
Os personagens ao redor do recém-nascido 70

A pesca maravilhosa 80
Poucas palavras e um chamado sublime 80

Jesus acalma uma tempestade 88
Uma presença silenciosa em meio às nossas crises 88

A cura do surdo e gago 93
A restauração pela palavra e pela intimidade 93

O bom samaritano 99
A arte de ensinar por parábolas 100

Parte III: Jerusalém

O templo no coração da cidade.............................. 109
Meditações sobre Jesus em Jerusalém

A expulsão dos vendilhões do templo 118
Um confronto com o mercado da fé 118

O tanque de Betesda 126
Um sábado entre os pobres e os doentes 127

Na festa dos Tabernáculos.................................. 135
Uma fonte eterna jorrando em nosso coração 135

Maria de Betânia 140
O amor criativo de uma mulher............................. 140

Entrada triunfal em Jerusalém.............................. 147
Um rei montado num jumentinho.......................... 147

O grande mandamento 155
A primazia do amor... 155

Com Tomé no Cenáculo...................................... 161
Um homem que tem dúvidas................................. 161

No caminho de Emaús 168
Ele nos encontra pelas estradas da vida................... 169

Quem é Jesus Cristo? 175
A pergunta que pede uma resposta......................... 175

Epílogo: O caminho do peregrino 185
Agradecimentos 193
Bibliografia 197

*"E iam no caminho, subindo para Jerusalém;
e Jesus ia adiante deles. E eles maravilhavam-se
e seguiam-no atemorizados."*
(Mc 10,32)

Parte 1: História e geografia de uma promessa

Introdução

— SENHORES PASSAGEIROS, estamos a dez minutos do espaço aéreo israelense. A partir deste momento, fica proibido levantar-se da poltrona até o pouso da aeronave. Olho pela janela. Lá embaixo, próximo da linha do horizonte, o azul do Mediterrâneo dá lugar à mancha cor de ferrugem do litoral do Oriente Médio. São 15h30 de uma tarde ensolarada de outubro, começo do outono no hemisfério Norte. A voz metálica do comissário de bordo pelo sistema de alto-falantes do avião nos enche, simultaneamente, de alegria e de apreensão. A primeira parte da mensagem anuncia que, depois de dezesseis horas de voo a partir de São Paulo e com escala em Madri, estamos, finalmente, nos aproximando do território de Israel. A segunda avisa que é proibido levantar da poltrona. Obviamente, por razões de segurança. O que aconteceria se um de nós, menos previdente, decidisse ir ao banheiro ou recuperar algum objeto no compartimento superior de bagagem? Seria considerado suspeito de terrorismo e imobilizado por um agente do

Mossad, o serviço secreto israelense? Na dúvida, melhor não arriscar.

Aterrissar no aeroporto Ben Gurion, a quinze minutos de carro de Tel Aviv e a meia hora de Jerusalém, é sempre uma aventura repleta de grandes expectativas, sustos e receios. Ali se abrem as portas para uma das civilizações mais antigas do planeta. Nessas terras áridas pontilhadas por exíguas ilhas verdes e escassas fontes de água doce brotaram as sementes da civilização ocidental contemporânea. São mais de 5 mil anos de história. Crenças, valores, dogmas e conceitos hoje profundamente enraizados nas leis e nos costumes de bilhões de seres humanos tiveram essa região como berço. Por ali marcharam, há milhares de anos, os exércitos egípcios, babilônios, assírios, gregos e romanos, entre outros povos conquistadores e colonizadores do Oriente Médio. Quem nunca leu ou ouviu falar de Abraão, Isaac, Jacó, Alexandre, o Grande, João Batista, Jesus Cristo e os doze apóstolos, Cleópatra e Marco Antônio, Maomé? Por essa paisagem passaram ou viveram esses e uma infinidade de outros nomes cujo legado até hoje tem profundo impacto na história humana.

Ao mesmo tempo, essa sempre foi uma das regiões mais tensas do mundo, permanentemente assolada por guerras, confrontos e revoluções. Rivalidades históricas entre grupos e nações com frequência resultaram em banhos de sangue. Ainda hoje, no alvorecer do século XXI, Israel e seus países vizinhos funcionam como uma espécie de umbigo do mundo, epicentro das tensões e ansiedades humanas. Impossível entender os conflitos e dilemas da política externa nos últimos cem anos sem levar em conta o complexo jogo de interesses no Oriente Médio. São divergências que misturam ambições econômicas e geopolíticas, diferenças étnicas e culturais, ódios e preconceitos há séculos enraizados na mente humana. Grandes guerras religiosas, que se julgavam sepultadas nas brumas do tempo, ali renascem hoje com força assustadora, a ponto de serem entendidas como um "choque de civilizações", no qual se confrontam visões de mundo radicalmente diversas. A intolerância e o fundamentalismo gestados nesse ambiente transbordam de forma corrosiva para outros países e continentes. A lista de tragédias inclui os atentados durante os Jogos Olímpicos de Munique, em 1972, e os do Onze de Setembro nos Estados Unidos, em 2001, as invasões do Iraque e do Afeganistão, os massacres conduzidos pelo chamado Estado Islâmico em meio à tragédia humanitária em andamento na Síria, e as infindáveis disputas em torno das maiores reservas mundiais de gás e petróleo, situadas nas vizinhanças de Israel.

Nossa viagem ocorreu em um intervalo milagrosamente calmo, entre a guerra entre israelenses e palestinos na Faixa de Gaza e uma série de atentados terroristas cometidos em Jerusalém nos últimos meses de 2014. Éramos um grupo de 23 brasileiros — paulistas, paranaenses, mineiros, cariocas e baianos, em sua maioria —, todos cristãos, católicos ou evangélicos de diferentes denominações religiosas, liderados pelo nosso conselheiro e orientador espiritual, Osmar Ludovico da Silva, que assina este livro comigo. O programa da viagem incluía tempo para visitas turísticas e momentos de silêncio, meditação e oração. A cada nova etapa, ouvíamos explicações sobre a importância histórica e arqueológica do lugar, sob responsabilidade de um guia israelense ou palestino. Em seguida nos reuníamos à sombra de uma árvore frondosa ou em local mais afastado do burburinho dos turistas para ouvir trechos das Sagradas Escrituras e uma reflexão conduzida por Osmar. À noite, após o jantar, nos encontrávamos novamente no hotel para compartilhar as impressões e emoções do dia.

Os momentos de silêncio e de oração constituíram a melhor parte do roteiro. Essa disciplina foi, aos poucos, estreitando nossos vínculos de amizade e cumplicidade. No começo, éramos pouco mais do que um típico conjunto de turistas brasileiros vindos de diferentes regiões, aparentemente sem muitos pontos em comum nos quais pudéssemos nos identificar. No final da viagem, depois de dez dias na estrada, havíamos nos tornado um grupo solidário e fraterno, capaz de compartilhar segredos e ansiedades pessoais. Era como se algo misterioso houvesse nos transformado por dentro ao longo da jornada, de modo a nos dar uma nova e iluminada identidade, confirmando assim um fenômeno peculiar das grandes peregrinações. A pessoa que empreende uma jornada espiritual dessa natureza sempre volta diferente de quando partiu.

Cerca de 2 milhões de turistas e peregrinos visitam Israel todo ano, número equivalente a um quarto da população do país, de 8 milhões de habitantes. É uma cifra surpreendente diante da escassez de atrativos aparentes dessa região, quando comparada a outros pontos turísticos mais populares ao redor do mundo. Jerusalém, o destino final e mais aguardado pelos viajantes, é um caso exemplar. Multidões congestionam todos os anos outras cidades supostamente muito mais interessantes e movimentadas do que a capital israelense. Las Vegas atrai pelos jogos e diversões. Nova York, pelas compras e espetáculos teatrais. Paris, pelos museus e bistrôs charmosos. Roma, pelas ruínas antigas, restaurantes, igrejas e pelo Vaticano, onde mora o papa. Por que alguém iria a Jerusalém, uma cidade encarapitada sobre escarpas pedregosas e desérticas, praticamente sem água e à primeira vista desprovida de qualquer encanto? Este, obviamente, não é um destino turístico qualquer. É mais do que um programa de férias ou descanso. Trata-se de uma experiência muito mais profunda e transformadora.

Jerusalém resume as esperanças, os sonhos, as crenças e as convicções da maioria dos seres humanos hoje vivos sobre a Terra. É lugar sagrado para as três grandes religiões monoteístas — cristianismo, judaísmo e islamismo —, cujos fiéis somam mais de 4 bilhões de pessoas. Sua história é repleta de feitos épicos, muito sangue e sofrimento. A cidade que hoje se vê na superfície é apenas uma tênue casca de uma história muito rica que se esconde nas suas profundezas. Quem percorre suas ruelas e muralhas milenares sabe que bem ali, debaixo de seus pés, existe um outro mundo, ancestral e repleto de mistérios. Basta descer três ou quatro metros para voltar 2 mil anos no tempo, como mostram suas ruínas e traços arqueológicos. Além de muito antiga, é uma história que está longe de acabar. Segundo algumas crenças religiosas, Jerusalém seria o palco de acontecimentos aguardados para o futuro. Antigos livros de profecias, como o do Apocalipse, falam de uma "Nova Jerusalém", restaurada e imaculada, que descerá gloriosa dos céus no fim dos tempos.

As páginas a seguir trazem algumas observações de viagens e informações de natureza histórica, geográfica, arqueológica e cultural relacionadas a Israel, mas este livro não pretende ser um roteiro convencional de turismo. Estes textos, de minha autoria, têm como único propósito servir de cenário — ou pano de fundo — para as meditações assinadas por Osmar Ludovico da Silva, que compõem a parte mais substancial da obra com o propósito de auxiliar leitores e leitoras a refletir sobre o significado espiritual de uma peregrinação aos lugares mais sagrados do cristianismo na Terra Santa. O objetivo, portanto, é ajudar as pessoas a explorar seus próprios caminhos interiores a partir de uma experiência real de viagem realizada pelos autores. Destina-se tanto para aqueles que já visitaram ou pretendem visitar a Terra Santa como para peregrinos simbólicos, cuja viagem não é física ou geográfica, mas de natureza espiritual.

O que é ser peregrino?

A palavra vem do latim *per agrum*, que significa "através do campo". Desde os tempos antigos, milhões de seres humanos se habituaram a deixar suas casas e cidades em busca de destinos cujo significado transcende a realidade visível. Percorrem a pé, a cavalo, de bicicleta ou carro trilhas e estradas que cortam países e continentes. A mais famosa delas, o Caminho de Santiago, já rendeu inúmeros romances, filmes, reportagens e séries de televisão. Mencionada em um documento chamado Código Calixtino, do século XII, é conhecida desde o início da Idade Média como a rota que leva ao suposto túmulo do apóstolo Tiago, em Santiago de Compostela, na região espanhola da Galícia. Por razões semelhantes, multidões vão a lugares como Roma, na Itália; Aparecida, no Brasil; Lourdes, na França; e Fátima, em Portugal. O fenômeno não é exclusivo do cristianismo. Muçulmanos devem cumprir a obrigação de ir, pelo menos uma vez na vida, a Meca, na Arábia Saudita, o lugar mais sagrado do islamismo. Arunachala e Varanasi (também conhecida como Benares), na Índia, são os destinos de milhões de hinduístas. Anuradhapura, primeira capital do Sri Lanka, é um dos centros budistas mais importantes do mundo.

Há uma diferença entre ser turista e peregrino. O turista olha para fora. O peregrino volta-se para dentro de si mesmo enquanto caminha. A cultura, o clima e a geografia podem ser diferentes para cada viajante e roteiro escolhido, mas a riqueza da jornada é feita mais pela disposição interna de quem caminha do que pela paisagem que se vê. Depende, portanto, mais de uma realidade interior do que de fatores externos. "O peregrino leva um destino na mente e um propósito no coração", escreveu o engenheiro baiano Walter Jorge de Oliveira Almeida, ex-presidente da Associação Brasileira dos Amigos do Caminho de Santiago. Em algumas ocasiões, trata-se de uma viagem mais simbólica do que real. É possível ser um bom peregrino sem nunca sair de casa ou deixar a cidade em que nasceu. Nesses casos, a viagem se dá para dentro de si mesmo. A peregrinação é uma analogia da própria vida: todos nós somos, de alguma forma, peregrinos neste mundo. A rigor, não sabemos bem de onde viemos, por que estamos aqui ou para onde vamos. Ainda assim caminhamos.

Existem armadilhas no caminho do peregrino. Uma delas, a mais óbvia, é o comércio abusivo que ameaça transformar os lugares sagrados em parques temáticos religiosos. Quem já visitou Aparecida, Juazeiro do Norte, Fátima, Lourdes ou Roma, para citar alguns exemplos, provavelmente também se surpreendeu e até se escandalizou com a oferta absurda de imagens, cruzes, santinhos, rosários e outros objetos de devoção, em meio à balbúrdia do comércio barato que procura tirar a atenção e o dinheiro do viajante. Na Terra Santa também é assim. A quantidade de quinquilharias à venda nas ruas de cidades como Nazaré e Belém é inacreditável. Percorrer a chamada Via Dolorosa, situada no bairro muçulmano de Jerusalém, é uma experiência de tirar o fôlego. O barulho é desconcertante. A cada passo, o peregrino é assaltado por hordas de vendedores que lhe oferecem de tudo, menos momentos de silêncio e oração.

A lista de curiosidades em oferta inclui água engarrafada do rio Jordão, pequenos frascos com "azeite bento da Terra Santa" e vidrinhos com amostras de solo dos locais onde supostamente Jesus pisou — mercadorias que, por sinal, também estão disponíveis a peso de ouro em certas igrejas no Brasil. Entre as ruínas de Jericó, paga-se de dois a três dólares para tirar uma fotografia ao lado de um camelo e com um *keffiyeh* na cabeça — aquele tradicional lenço quadriculado usado no Oriente Médio. No mar da Galileia, agências de turismo oferecem passeios de quarenta minutos em barcos equipados com alto-falantes que tocam música gospel em altíssimo volume, enquanto no convés multidões cantam, dançam e erguem as mãos para os céus como se estivessem tomadas de súbito e incontrolável transe espiritual.

A Organização Mundial da Saúde já chegou a catalogar uma síndrome de Jerusalém, descrita pela primeira vez em 1930 pelo psiquiatra Heinz Herman. Trata-se de um conjunto de reações físicas ou psicológicas de natureza religiosa que se manifesta em pessoas que visitam a Cidade Santa pela primeira vez. Afeta cristãos e judeus, sem distinção. Em geral, são pessoas sem histórico de transtornos psiquiátricos que, subitamente, são tomadas por delírios e comportamentos obsessivos. Em 1969, Michael Rohan, um peregrino australiano, foi preso depois de entrar em surto psicótico e atear fogo à mesquita de Al-Aqsa, lugar sagrado para os muçulmanos na chamada Esplanada do Templo. Seu gesto serviu de gancho para o roteiro do filme *The Jerusalem Syndrome*, do diretor Erin Sax. O fenômeno é tão comum que hospitais e guias turísticos locais são treinados para lidar com situações desse tipo.

A história do povo hebreu (denominação ancestral dos habitantes de Israel) é bem conhecida por qualquer pessoa relativamente familiarizada com os livros bíblicos ou que tenha visto alguns dos grandes clássicos do cinema e da televisão, como *Noé*, *Êxodo* e *Os dez mandamentos*. Do ponto de vista científico, é uma narrativa que resulta de um imenso e intrincado quebra-cabeça. Uma parte dela vem da própria Bíblia, cuja mensagem religiosa se dá em um contexto geográfico e histórico bem definido. Outra, de documentos muito antigos, como os relatos que o historiador judeu e general romano Flávio Josefo escreveu no século I, ou de descobertas arqueológicas recentes, como as ruínas de Qumram, na margem do mar Morto, onde se encontrou uma grande quantidade de textos escritos em couro, tecido e pergaminho da época que precedeu o nascimento de Jesus. Existem ainda inúmeros documentos de Estados vizinhos da Palestina – egípcios, persas, assírios, babilônios, gregos, entre outros – que ajudam a iluminar ou esclarecer os acontecimentos bíblicos. Outra linha de pesquisas diz respeito à chamada paleoantropologia, que investiga vestígios muito mais remotos do que os relatos bíblicos. Nesse caso, a história recua a tempos imemoriais, que se confudem com o próprio surgimento da espécie humana na face da Terra.

O mais remoto vestígio de um ser humano encontrado na Palestina, como a região de Israel era conhecida na Antiguidade, são fragmentos de ossos de 1,4 milhão de anos atrás, ainda na Idade da Pedra, quando comunidades isoladas de caçadores e coletores viviam em cavernas situadas nas margens de rios e lagos. O fogo foi dominado por volta de 200.000 a.C., mas a grande revolução social e econômica aconteceu entre 10.000 e 8.000 a.C., com a domesticação de animais e o surgimento da agricultura na vizinha região da Mesopotâmia, entre os rios Tigres e Eufrates, onde hoje estão situadas partes da Turquia, da Síria e do Iraque. Como resultado dessas mudanças, os antigos povos nômades começaram a erguer as primeiras cidades e os primeiros vilarejos, abrindo o caminho para que, entre os anos 4.500 e 1.200 a.C., surgissem também os grandes impérios do mundo antigo, como os do Egito, da Babilônia, da Pérsia e da Assíria. É neste ponto que as evidências arqueológicas e paleoantropológicas começam a se entrelaçar com os relatos da Bíblia.

A saga bíblica dos hebreus começa cerca de 1.800 anos antes de Cristo, quando um grupo de nômades vindo da Mesopotâmia e liderado por Abraão chega à Palestina. No livro do Gênesis 12,1-3, lê-se que Deus prometeu ao patriarca que uma grande nação, a sua escolhida entre todos os povos da Terra, nasceria dos seus descendentes, tão numerosos quanto as estrelas do céu. A ela estaria destinada um território relativamente exíguo, de cerca de 20 mil quilômetros quadrados (mais ou menos do tamanho do estado de Sergipe), situado entre o mar Mediterrâneo e o rio Jordão, o deserto do Sinai e as montanhas do Líbano. Essa seria a chamada Terra Prometida, hoje também conhecida como Terra Santa. Abraão teve dois filhos. O primeiro, Ismael, nasceu de uma relação com sua escrava, Agar. Seria o patriarca dos povos árabes. Com Sara, sua mulher já idosa, Abraão teve Isaac, o patriarca dos hebreus, que a Bíblia define como "o povo escolhido" de Deus. Um filho de Isaac, Jacó, mudou o seu nome para Israel, que significa "o homem que luta com Deus" ou "o homem que vê Deus". Teve doze filhos — os patriarcas das chamadas doze tribos de Israel.

Por volta do ano 1.550 a.C., ainda segundo os relatos bíblicos, as doze tribos de Israel foram levadas para um longo período de escravidão no Egito. A libertação viria só alguns séculos mais tarde, quando Moisés, judeu de nascimento e filho adotivo do faraó, conduziu o povo de volta à Terra Prometida, no episódio conhecido como Êxodo (cerca de 1.250 a.C.). Durante quarenta anos, os filhos de Israel peregrinaram no deserto. Em meio às provações do caminho, Deus lhes deu um novo código de conduta, que inclui os dez mandamentos e uma série de preceitos sobre como se comportar, como se vestir, o que comer e o que não comer. Esse código encontra-se detalhado no Livro do Deuteronômio, parte da Torá hebraica e do Antigo Testamento cristão, e pode ser resumido nos seguintes versículos:

"Ouve, Israel, o SENHOR, nosso Deus, é o único Senhor. Amarás, pois, o SENHOR, teu Deus, de todo o teu coração, e de toda a tua alma, e de todo o teu poder. E estas palavras que hoje te ordeno estarão no teu coração" (Dt 6,4-6).

Toda a história seguinte dos hebreus gira em torno das tentativas e fracassos em cumprir esse conjunto de leis e, dessa forma, de se manter fiéis à antiga aliança celebrada com os patriarcas e com Moisés. Profetas e mensageiros são enviados por Deus para alertar e orientar o povo a não se afastar dos seus preceitos, por vezes inutilmente. Em consequência dessas dificuldades, Israel passa por grandes tribulações.

Até a época posterior ao Êxodo, as doze tribos de Israel formavam um conglomerado relativamente frágil de tribos muitas vezes rivais. A adoção de um sistema de governo centralizado e monárquico nasceu da necessidade de apoio mútuo diante da ameaça representada pelos filisteus e cananeus, os ocupantes originais da Terra Prometida. Por volta do ano 1.000 a.c., os hebreus elegeram o seu primeiro rei, Saul, encarregado de organizar as campanhas militares contra os inimigos. Coube a Davi, seu sucessor, conquistar Jerusalém, a partir de então capital oficial do novo Estado, onde também foi instalada a Arca da Aliança, com as leis recebidas por Moisés durante a fuga do Egito. Salomão, filho de Davi, consolidou a ocupação do território e mandou erguer o primeiro templo de Jerusalém.

Depois da morte de Salomão, em 928 a.C., os hebreus se dividiram em dois pequenos Estados. O reino do norte herdou o nome de Israel, com capital na Samaria. O do sul adotou a denominação de sua tribo mais importante, Judá, e manteve a sede em Jerusalém. Em 721 a.c., o reino do norte desapareceu do mapa, invadido pelos assírios, que levaram os hebreus dessa região para Nínive e outras cidades, de onde jamais retornaram. O reino do sul resistiu pouco mais de um século, até a ocupação de Jerusalém, em 586 a.C., pelos exércitos de Nabucodonosor, rei da Babilônia. O templo erguido pelo rei Salomão foi destruído. Levados para o cativeiro na Babilônia, os judeus só retornariam para a Terra Prometida sessenta anos mais tarde por decisão de Ciro, rei da Pérsia, que também autorizou a reconstrução do templo de Jerusalém.

O exílio na Babilônia teve impacto profundamente transformador na história e nas crenças dos judeus. São dessa época os primeiros textos messiânicos das Escrituras, que anunciam a futura chegada de um Messias, um rei poderoso e transcendente, o salvador incumbido da tarefa de restaurar a glória perdida de Israel. "[...] o Deus do céu levantará um reino que não será jamais destruído; e esse reino não passará a outro povo; esmiuçará e consumirá todos esses reinos e será estabelecido para sempre", afirma o Livro de Daniel (Dn 2,44). "E foi-lhe dado o domínio, e a honra, e o reino, para que todos os povos, nações e línguas o servissem; o seu domínio é um domínio eterno, que não passará, e o seu reino, o único que não será destruído" (Dn 7,14). É dessa nova aliança, ou promessa, que tratam os livros dos profetas na parte final do Antigo Testamento.

Para os cristãos, o ápice dessa longa e turbulenta história, e também a consumação da nova promessa, ocorre com o nascimento de Jesus, cerca de 2 mil anos atrás. Nessa época, como se verá mais adiante, os judeus estavam novamente sob domínio de uma potência estrangeira, dessa vez dos romanos, fundadores do mais vasto e poderoso império conhecido até então. Cerca de três décadas e meia após a morte e a ressurreição de Jesus, no ano 70 da atual era cristã, ocorreu a derradeira e mais devastadora tragédia na história de Israel: a ocupação de Jerusalém pelas tropas do general e futuro imperador Tito. O templo, novamente arrasado, jamais seria reconstruído. Expulsos pelos romamos da Terra Prometida, os judeus se dispersariam pelo mundo por mais dois milênios, sendo vítimas frequentes de preconceitos e perseguições. A saga dessa longa diáspora judaica ainda está sendo escrita nos dias de hoje, em meio a acontecimentos de profundo significado histórico. Tem como cenário tanto os campos de concentração nazistas durante a Segunda Guerra Mundial como o atual retorno, de certa forma surpreendente e miraculoso, de milhões de judeus para as terras de seus patriarcas e ancestrais no Oriente Médio.

Embora o povo hebreu tenha uma história tão antiga, o moderno Estado de Israel é relativamente jovem. Foi criado em 1948, três anos após o fim da Segunda Guerra Mundial, quando, segundo estimativas, cerca de 6 milhões de judeus morreram vítimas do Holocausto. Hoje, Israel é um dos países mais dinâmicos e prósperos do mundo. Há mais de meio século funciona como uma democracia relativamente estável, uma raridade em uma região ainda dominada por monarquias, como na Arábia Saudita e na Jordânia, ou regimes ditatoriais, caso do Egito e da Síria. A moderna Tel Aviv é uma cidade jovem e alegre, um dos principais centros financeiros mundiais, também grande produtor de diamante lapidado. Ali bem perto, um futurista centro de tecnologia produz novidades como o navegador Waze, hoje utilizado por milhões de motoristas no mundo inteiro.

Na falta de fontes abundantes de água doce, a irrigação produziu milagres. Em Israel não se desperdiça uma única gota de água. Esgotos domésticos e industriais são tratados e reutilizados na agricultura. Oásis belos e verdejantes encantam os visitantes em meio à paisagem ressequida. Ao sul, na região do Negev (próxima à fronteira com o Egito), uma faixa de vinte quilômetros de extensão foi tomada ao deserto para produção de frutas, hortaliças e cereais. Metade de toda a água potável consumida no país provém de usinas dessalinizadoras. É uma tecnologia relativamente nova no mundo todo para retirar o sal da água do mar e na qual os engenheiros israelenses mais uma vez estão na vanguarda. Para os brasileiros, às voltas com o racionamento de água e energia, são lições preciosas de como conservar e utilizar os escassos recursos naturais.

Ao mesmo tempo, grandes incertezas ainda pairam no horizonte. As dificuldades de alcançar a paz com os palestinos, que ocupavam partes dessas terras antes da criação do Estado de Israel, são imensas. De um lado, projetos habitacionais israelenses estimulados ou tolerados em territórios palestinos levantam dúvidas sobre as reais intenções do governo de desejar uma paz duradoura. Do outro, grupos terroristas bem organizados e financiados pelo Irã e outros países da região se recusam a reconhecer o Estado israelense. Em vez disso, cavam túneis sob os muros da Faixa de Gaza e lançam foguetes com o objetivo de atingir alvos civis em Israel. Entre israelenses e palestinos existem muitas pessoas — provavelmente a maioria — genuinamente interessadas numa solução que permita uma convivência pacífica entre os dois povos. Mas existem também, em ambas as partes, grupos e partidos políticos cujo poder se alimenta do radicalismo. Como consequência, os precários acordos diplomáticos alcançados até agora em meio a enormes esforços internacionais têm sido sistematicamente quebrados de parte a parte. O fundamentalismo religioso é cada vez maior nos dois lados. Por essas razões, orar pela paz em Jerusalém é também uma obrigação de todo peregrino que chega a Israel.

Uma região tão carregada de simbolismos, dores e esperanças pode ser plena de paz e harmonia ou repleta de medos e ansiedades. Depende da busca de cada um e das respostas que espera encontrar. O clima de euforia e ruído exige muita paciência e disciplina do peregrino empenhado em fugir do consumismo e das distrações mundanas que dominam os lugares sagrados.

Para mim, essa jornada começou muitos anos atrás. Venho de uma família católica, rural e conservadora, do interior do Paraná. Era uma tradição que o filho mais velho se tornasse padre. Por isso, na adolescência, fui seminarista da Pia Sociedade de São Paulo (a congregação dos padres e irmãos paulinos) por três anos. Saí ao descobrir que não tinha vocação para o sacerdócio. Anos depois, ao me tornar jornalista, afastei-me quase que totalmente de qualquer prática religiosa. Nos meus tempos de redação, julgava que seria um sacrilégio alguém ousar dizer que era cristão, orava ou acreditava em qualquer coisa que não fosse o universo visível, racional e comprovável, prometido e autorizado pela ciência e pelas ideologias políticas do século xx.

Apesar de todo esse ambiente, durante mais de trinta anos havia, sim, dentro de mim, um resíduo de vida espiritual, embora raso e inconstante. Nos momentos de dificuldades, repetia as orações aprendidas na infância, de formação católica. Por algum tempo, pratiquei meditação oriental — como, aliás, boa parte de minha geração. No esforço de dar algum verniz intelectual a essa busca do que transcende a realidade visível e racional, li quase todos os livros de Joseph Campbell, Mircea Eliade, Rudolf Otto e Norman Khon, entre outros grandes pensadores nessa área. Estava, obviamente, à procura de respostas, mas nada disso conseguiu, de fato, satisfazer-me plenamente.

Certo dia, depois de participar do Sempre um Papo, tradicional e respeitado evento literário promovido em Belo Horizonte pelo jornalista Afonso Borges, discuti essas ideias em um jantar com o teólogo frei Leonardo Boff. Ele me ouviu com paciência e curiosidade. No dia seguinte, quando desci para tomar café, descobri que Leonardo Boff já tinha ido embora do hotel. Antes de partir, no entanto, havia me deixado de presente uma frase singela, que me tocou o fundo do coração: "Laurentino, Deus é mais para ser sentido do que pensado". Algum tempo depois, tomei coragem e fui assistir a uma missa no mosteiro trapista de Campo do Tenente, no Paraná, perto do hotel onde estava hospedado. No sermão, o abade, padre Bernardo Bonowitz, discorreu sobre as dimensões de Cristo no Evangelho de João: "Jesus, a água que eu bebo; Jesus, o pão que eu como; Jesus, o ar que eu respiro". Ao ouvir essas palavras, fui tomado por um choro compulsivo e, de certa forma, constrangedor perante os demais fiéis que lotavam a igreja.

Começava ali meu processo de renascimento espiritual, que coincidiu com um período de crise pessoal, repleto de dor e sofrimento. Ao retornar para casa, decidi ler todo o Evangelho de João junto com Carmen, minha mulher. Lemos um capítulo diariamente durante quase um mês, antes de dormir. Em seguida, enveredamos pelas cartas de Paulo, Hebreus, Tiago, Pedro, João, recuamos para Jó, Isaías e o Livro dos Salmos. Inaugurávamos ali um ritual diário que mantemos desde então. A leitura desses textos nos ensinou que, apesar das sombras, dúvidas e incertezas naturais da vida, a jornada de um peregrino pode, sim, ser plena de confiança, gratidão e alegria.

A conversão espiritual é um percurso que se renova a cada dia e envolve a mudança de valores e ideias preconcebidas. Em novembro de 2013, ao ser entrevistado no programa *Provocações*, da TV Cultura de São Paulo, fui surpreendido por uma pergunta do apresentador, o ator e diretor teatral Antônio Abujamra:

— Laurentino, qual é o sentido da vida?

Sem saber como reagir, limitei-me a balbuciar, sem muita convicção:

— Acho que todos nós estamos aqui com um propósito, que é tentar melhorar o mundo e ajudar as pessoas que nos rodeiam, de acordo com as nossas limitações e possibilidades individuais.

Obviamente insatisfeito com a minha resposta, Abujamra insistiu, com seu vozeirão característico e o estilo provocador:

— LAURENTINO GOMES, QUAL É O SENTIDO DA VIDA?

Abujamra morreu em abril de 2015, para tristeza de sua legião de admiradores. Hoje, se eu tivesse que lhe responder a pergunta que ficou pairando no ar naquela ocasião, diria que o sentido da vida está em reconhecer, contemplar e adorar o Criador de todas as coisas visíveis e invisíveis, a fonte da qual tudo emana, confessar o nome de Seu filho, Jesus Cristo, e segui-Lo todos os dias com confiança, gratidão e alegria. Tentar mudar o mundo e ajudar as pessoas é mera consequência desse compromisso radical, que, ao contrário do que eu julgava na minha entrevista com Abujamra, não comporta meias respostas.

Também este livro nasceu das sementes lançadas ao longo do caminho.

* * *

Em 2013, eu havia lançado o livro *1889*, sobre a Proclamação da República, encerramento de uma trilogia que incluíra *1808*, sobre a fuga da corte portuguesa para o Rio de Janeiro, e *1822*, sobre a Independência do Brasil. Seria o caso de mergulhar rapidamente em outro projeto editorial, para aproveitar a onda de sucesso gerada pelos livros anteriores? À primeira vista, sim. Seria o próximo passo óbvio de um escritor, a julgar pela ansiedade demonstrada pelos leitores nas redes sociais e nos eventos literários dos quais participei nesse período. O Livro do Eclesiastes, no entanto, ensina que tudo neste mundo tem o seu tempo; cada coisa, a sua ocasião. Há o tempo de plantar e o de colher; o de ficar calado e o de falar (Ecl 3,1-7). Por isso, em vez de correr, decidi que esse era um tempo de silêncio e de espera, hora de fazer um mergulho interior em busca de orientação e paz espiritual. Em abril de 2014, Carmen e eu fomos a Roma, no dia em que 1 milhão de outros peregrinos invadiram a cidade para a cerimônia de canonização dos papas João XXIII e João Paulo II. Em setembro, fizemos o caminho de Santiago de Compostela, na Espanha, percorrendo mais de oitocentos quilômetros desde os contrafortes dos Pirineus, na fronteira com a França. Agora, era a vez da Terra Santa. Foram, portanto, três peregrinações a lugares repletos de significado para a fé cristã, realizadas no intervalo de poucos meses, sem planejamento prévio, guiadas por uma força que, naturalmente, estava além do nosso controle e da nossa vontade.

Osmar Ludovico da Silva, coautor desta obra, é um dos mais respeitados (e discretos) conselheiros espirituais do Brasil na atualidade. De formação reformada (ou protestante), tem uma visão ecumênica e generosa do cristianismo, procurando sempre levar em conta e valorizar diferentes tradições, liturgias e conceitos desenvolvidos ao longo de muitos séculos pelas mais diversas igrejas e denominações religiosas. Uma de suas fontes mais frequentes são os Padres do Deserto, como ficaram conhecidos os monges eremitas gregos e egípcios dos séculos IV e V, que se recolheram em cavernas, ermidas e locais ermos em busca de paz e iluminação espiritual. Fugiam das tentações de poder de um cristianismo recém-adotado como religião oficial do Império Romano. Em mais de quarenta anos de atividade pastoral, Osmar já orientou centenas de retiros espirituais em lugares tão diferentes quanto mosteiros beneditinos e templos evangélicos. Nessas ocasiões, usa com frequência uma prática conhecida como *Lectio Divina*, desenvolvida pelos Padres do Deserto e adotada por São Bento, o fundador da ordem beneditina, na qual têm origem também os cistercienses, trapistas e camaldolenses. Também conhecida hoje como Meditação Cristã ou Leitura Orante, a *Lectio Divina* consiste em leitura bíblica meditativa, com longos intervalos de silêncio, em busca de uma experiência de oração e de encontro com Deus.

No entender de Osmar, em meio à crise atual, a Igreja precisa voltar às suas raízes primitivas, marcadas pela simplicidade no estilo de vida, pela oração permanente, sem grande sofisticação teológica e doutrinária. Uma Igreja assim renovada precisa se afastar tanto quanto possível de ideologias e partidos políticos, do dinheiro e das estruturas de poder, que seduzem, corrompem e distorcem a Sua obra divina aqui na Terra. Deve se transformar, portanto, em ambiente de restauração, conforto e esperança, em vez de foco de cobiça, vaidade e conflito, como frequentemente se vê hoje. "É tempo de resgatar o verdadeiro conteúdo da fé cristã", escreveu no livro *Meditatio*, obra lançada em 2007 pela editora Mundo Cristão. "É tempo de nos tornarmos mais servos do que líderes, mais santos e menos heróis. Esse é o testemunho que vai permanecer na história."

Ao voltarmos de Israel, em outubro de 2014, eu estava encantado com a profundidade dos textos de meditação apresentados por Osmar Ludovico da Silva durante a nossa viagem. Achei que mereciam ser publicados.

— Osmar, por que você não escreve um livro? — provoquei por e-mail.

A resposta me deixou desconcertado.

— Por que não fazemos juntos?

Por que não? Mas como reagiriam os leitores, os editores, os críticos literários que eventualmente, e por razões óbvias, esperavam que minha próxima obra estivesse de novo relacionada à história do Brasil? Eu correria o risco de ser criticado por uma guinada tão radical no meu trabalho. Sim, correria esse e muitos outros perigos. Ocorre que viver e escrever significa correr riscos. Desde tempos imemoriais, peregrinos convivem com o perigo. Há salteadores, animais ferozes e, principalmente, dúvidas e sombras internas que atemorizam a alma de quem sai do conforto de casa em busca de si mesmo. Mas o peregrino sabe também que não caminha só. O próprio objeto de sua busca lhe segue os passos.

"Quando o peregrino sai da casa de sua parentela, quando se aventura para além de sua tribo e de sua cultura, ele se faz vulnerável como nunca", escreve o rabino brasileiro Nilton Bonder, autor do livro *Tirando os sapatos*, cujas belas reflexões serviram, em parte, de fonte de inspiração para esta obra. "Pode parecer que as ameaças vêm do caminho, do lugar onde não há proteção, do desconhecido. A vulnerabilidade maior, no entanto, está nos fundamentos, nas crenças mais básicas que carregamos em nossa identidade, que se questionadas ou desmontadas podem resultar na perda de nosso referencial e do nosso equilíbrio psíquico."

É nessa condição, de peregrino exposto aos perigos do mundo, que convido você, leitor ou leitora, a nos acompanhar nesta jornada, esperando que as sementes espalhadas pelo caminho também frutifiquem generosamente no seu coração.

LAURENTINO GOMES
Itu, São Paulo, julho de 2015

Grandes revelações, sofrimentos e esperanças

Alguns acontecimentos da época de Jesus e do início do cristianismo

63 a.C.	Pompeu ocupa Jerusalém e estabelece o domínio romano na Palestina
44 a.C.	Júlio Cesar é assassinado em Roma
37 a.C.	Herodes, o Grande, é nomeado "Rei dos Judeus"
32 a.C.	Romance entre Cleópatra e Marco Antônio escandaliza os romanos
27 a.C.	Otaviano assume o poder absoluto com o título de César Augusto
19 a.C.	Virgílio conclui *Eneida*, poema épico sobre a fundação de Roma
4 a.C.	Morre Herodes, o Grande
Entre 4 e 6 a.C.	Nascimento de Jesus de Nazaré
14 d.C.	Tibério, enteado de César Augusto, é o novo imperador romano
26 d.C.	Pôncio Pilatos é nomeado governador em Jerusalém
26 d.C.	João Batista prega e batiza às margens do rio Jordão
30 d.C.	Jesus inicia seu ministério na Galileia
33 d.C.	Morte e ressurreição de Jesus
37 d.C.	Conversão de Saulo de Tarso, o apóstolo Paulo

41 d.C.	O imperador Calígula, sucessor de Tibério, é assassinado em Roma
44 d.C	O apóstolo Tiago é martirizado em Jerusalém
54 d.c.	O imperador Cláudio morre envenenado pela mulher, Agripina
56 d.C.	Paulo escreve sua última epístola aos romanos
62 d.C.	Martírio de Tiago, irmão de Jesus, em Jerusalém
Entre 64 e 67 d.C.	Morte de Pedro e Paulo durante perseguição aos cristãos em Roma
66 d.C.	Início da Revolta Judaica
68 a.C.	O imperador Nero comete suicídio
70 d.C.	Destruição do Templo de Jerusalém pelas tropas romanas Escrito o primeiro dos Evangelhos, o de Marcos
70 d.C.	O imperador Vespasiano reconstrói Roma, arrasada por um incêndio
73 d.C.	Os romanos capturam a fortaleza de Massada
79 d.C.	A cidade de Pompeia é sepultada sob as cinzas do vulcão Vesúvio
80 d.C.	Inauguração do Coliseu de Roma pelo imperador Tito
Entre 80 e 120 d.C.	Escritos os Evangelhos de Mateus, Lucas e João
313 d.C.	Constantino torna o cristianismo a religião oficial do Império Romano

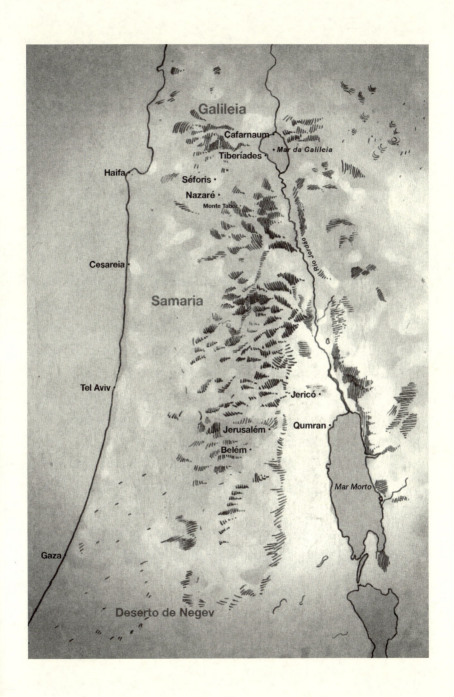

O CAMINHO DO PEREGRINO 39

Israel no tempo de Jesus

NA PRIMAVERA DE 1947, um garoto beduíno chamado Muhammed Ahmed el-Hamed, também conhecido como "edh--Dhib" ("o lobo"), procurava uma cabra que se perdera do rebanho na região árida, monótona e pedregosa do mar Morto. Ao atirar uma pedra dentro de uma caverna, ouviu o estalo seco de vasos que se quebravam. Começou assim a história da mais extraordinária descoberta arqueológica do século xx, uma gigantesca biblioteca de textos sagrados contendo centenas de manuscritos em lâminas de couro e cobre, rolos de tecido e fragmentos de pergaminho guardados em ânforas de cerâmica por quase 2 mil anos em cavernas próximas às ruínas de Qumran. Ali vivia, na época de Jesus, uma misteriosa seita judaica conhecida como a Ordem dos Essênios, cujos ensinamentos falavam da chegada de um Messias e do fim dos tempos. Entre as preciosidades encontradas em Qumran e hoje guardadas no Museu Nacional de Israel em Jerusalém, há o livro completo do profeta Isaías, parte do Livro dos Salmos e diversos textos com referências a uma figura enigmática identificada como "O Mestre da Retidão".

Outras descobertas igualmente sensacionais se seguiram a essa. Em 1962, arqueólogos que trabalhavam nas ruínas da antiga cidade romana de Cesareia Marítima, no litoral de Israel, depararam com uma lápide, ou seja, um bloco de pedra com algumas inscrições comemorativas. Parte das letras, em latim, tinha sido apagada pelo tempo. As que restavam legíveis, no entanto, eram suficientemente importantes para gerar manchetes nos jornais ao redor do mundo: "Pôncio Pilatos, prefeito da Judeia, fez e dedicou o Tiberium ao Divino Imperador". Em 1968, escavações nas antigas tumbas de Givat Hamivtar, bairro de Jerusalém, revelaram uma urna funerária com os ossos de um homem cujo calcanhar apresentava marcas de pregos encravados em restos de madeira, indicando que tinha sido morto na cruz. Em janeiro de 1986, moradores do kibutz de Ginosar acharam um barco de pesca cuja madeira havia sido inacreditavelmente preservada por milhares de anos sob a lama das margens do mar da Galileia. Exames de laboratório revelaram ser um objeto do século I. Em novembro de 1990, trabalhadores de uma construção encontraram, em uma caverna próxima a Jerusalém, outro ossuário, com o nome Caifás escrito em aramaico. Finalmente, em 2002, mais uma urna funerária foi localizada, dessa vez com a inscrição "Tiago, filho de José, irmão de Jesus".

Todos esses achados dizem respeito a uma questão que há séculos tem desafiado estudiosos e fiéis: seria possível encontrar provas materiais, históricas ou científicas da existência de Jesus de Nazaré? Estariam essas descobertas de acordo com os relatos sobre seu nascimento, vida, morte e ressurreição apresentados nos quatro Evagelhos canônicos, ou seja, oficialmente aceitos pelas Igrejas cristãs? Em caso de alguma contradição entre as evidências científicas e a narrativa dos livros sagrados, isso, de certa forma, poderia abalar os fundamentos da fé cristã?

São perguntas difíceis de responder. Afinal, como se verá mais adiante em um dos textos de meditação assinados por Osmar Ludovico da Silva, a biografia de Jesus Cristo narrada pelos Evangelhos se apoia em três fatos inverossímeis pelos padrões racionais. Primeiro: ele nasceu de uma virgem que nunca teve contato com um homem. Como explicar isso à luz da biologia, a ciência que estuda a reprodução e o funcionamento da vida no planeta? Segundo: Jesus se dizia Filho de Deus, o Messias Prometido, o Deus encarnado. Terceiro: após ser crucificado e morto, ressuscitou depois de três dias no túmulo, conversou e comeu com seus amigos e, em seguida, foi tomado por uma nuvem e ascendeu aos céus. Como acreditar em coisas tão extraordinárias somente à luz da razão?

Com exceção das inscrições com os nomes de Pilatos e Caifás, que de fato eram os personagens citados no Novo Testamento, nenhuma das descobertas relatadas anteriormente traz qualquer certeza a respeito do Jesus histórico. Os Manuscritos do mar Morto não contêm referência alguma a Jesus, embora parte deles tenha sido escrita na mesma época. O barco de madeira encontrado no mar da Galileia pode ter pertencido a qualquer um dos milhares de pescadores que frequentaram essa região na mesma época dos discípulos de Jesus. O homem com marcas de prego no tornozelo se chamava Yehohanan, filho de Hagakol, segundo uma inscrição na urna funerária onde seus ossos foram encontrados. Exames posteriores indicaram que ele teria entre 24 e 28 anos quando foi morto, portanto, mais jovem que Jesus, crucificado aos 33 anos.

A crucificação era um suplício muito comum no Império Romano. Segundo o historiador judeu Flávio Josefo, milhares de pessoas eram crucificadas nas cercanias de Jerusalém naquela época. Após a morte do rei Herodes, o Grande, no ano 4 a.C., nada menos do que 2 mil pessoas foram pregadas na cruz em um único dia. Na carnificina que se seguiu à destruição do templo, em 70 d.C., os romanos crucificaram quinhentas pessoas por dia, ao longo de várias semanas. Quanto à urna funerária com a frase "Tiago, irmão de Jesus, filho de José", também não há nada de conclusivo. Segundo os Evangelhos, Jesus de Nazaré era mesmo filho de José, o carpinteiro marido de Maria, e realmente teve um irmão chamado Tiago, martirizado por apedrejamento em Jerusalém no ano 62 d.C. Ocorre que esses eram também os nomes mais comuns em Israel naquela época. O nome Jesus aparece em outros dez ossuários descobertos por arqueólogos. José, em dezenove. Portanto, apesar da grande coincidência, nada comprova que a tal urna funerária tenha pertencido, de fato, ao apóstolo Tiago citado nos Evangelhos.

Essas dificuldades dizem respeito às duas faces de Jesus perceptíveis no mundo de hoje. A primeira é a do personagem histórico, que viveu e morreu na Palestina no início do século I. Sua existência é indiscutível. A ele se referem não apenas os Evangelhos como outros textos antigos. Jesus é citado nos relatos de pelo menos dois importantes historiadores da época. Tácito escreve que Jesus "tinha sofrido a pena de morte durante o reinado de Tibério, mediante sentença do procurador Pôncio Pilatos". Flávio Josefo, judeu de nascimento que se tornou cidadão e general romano, afirma que "Pilatos, depois de ouvi-lo ser acusado pelos homens mais importantes entre nós, o condenou a ser crucificado".

A outra face é a do Jesus transcendente, inefável e elusivo que, embora íntimo de todos os que nele creem, não se pode exprimir por palavras ou argumentos racionais. Trata-se aqui de um personagem que extrapola os limites da história e da ciência para habitar o coração de cada ser humano que, ao longo desses últimos 2 mil anos, por razões misteriosas e inexplicáveis, o aceitam como o Filho de Deus, o Messias Prometido, o Salvador — e nele depositam, mais do que suas esperanças, a explicação de sua própria existência. O Jesus transcendente que se manifesta nessa dimensão puramente espiritual nem sempre está de acordo com as provas a respeito do Jesus histórico, que, também por muitos séculos, arqueólogos, historiadores e estudiosos de textos antigos procuram encontrar por meios puramente racionais ou científicos.

O próprio Jesus enfrenta esse dificílimo desafio em uma das passagens dos Evangelhos. Segundo o relato de João (Jo 20,19-29), ao saber que Cristo havia aparecido aos discípulos após a ressurreicão, Tomé, um deles que não estava presente na ocasião, responde: "Se eu não vir nas suas mãos o sinal dos cravos, e ali não puser o dedo, e não puser a mão no seu lado, de modo algum acreditarei". Dias mais tarde, estando novamente os discípulos reunidos, Jesus se coloca no meio deles e, numa demonstração de que está disponível para ser encontrado por todos os meios, chama Tomé, pede que lhe toque as chagas da cruz. Ao ter as provas que buscava, Tomé reage com uma declaração singela mas de profundo significado espiritual, a mais completa a respeito de Jesus dita até então nos Evangelhos: "Meu Senhor e meu Deus!". Ao que Jesus acrescenta: "Você acreditou porque me viu; bem-aventurados os que não viram e ainda assim creram".

Na época do nascimento de Jesus, o povo judeu encontrava-se diante de uma encruzilhada histórica e decisiva em todos os aspectos. Sinais de crise, profecias apocalíticas relacionadas à chegada do Messias e ao fim dos tempos estavam por todo lado. Como se viu na Introdução deste livro, o primeiro templo de Jerusalém, erguido pelo rei Salomão, havia sido reduzido a ruínas no ano 586 a.C. pelas tropas do rei da Babilônia, Nabucodonosor. Levados para o exílio, os judeus só retornariam sessenta anos mais tarde, com a autorização do rei da Pérsia para reconstruir o templo, o qual ficou pronto no ano 515 a.C. Este segundo templo duraria 585 anos, até sua completa destruição pelos romanos em 70 d.C. Nesse longo período, os judeus estiveram sucessivamente sob o domínio dos persas (539-331 a.C.), dos gregos (331-170 a.C.) e dos romanos (de 63 a.C. em diante). Apenas por um breve período, entre 164 e 63 a.C., gozaram de algum grau de autonomia, governados pelos irmãos macabeus e pela dinastia dos asmoneus.

No ano 63 a.C., o general romano Pompeu conquistou a Judeia e entrou em Jerusalém, dando início ao longo domínio romano na região. A rigor duraria até bem depois da destruição do segundo templo, em 70 d.C., quando os judeus foram oficialmente proibidos de morar ou entrar em Jerusalém. Herdado pelo império bizantino de Constantinopla, o poder romano só terminaria mesmo em 639 d.C., durante a conquista árabe da Palestina. No tempo de Jesus, os romanos, embora detivessem o poder de fato, permitiam que a região fosse governada por reis locais subordinados a Roma.

Um desses reis fantoches, Herodes, o Grande, governou por 33 anos protegido pelos césares romanos. Nascido na Idomea, província convertida ao judaísmo durante o período macabeu, recebeu do senado romano o título oficial de "rei dos judeus", expressão que, por zombaria, seria também inscrita na cruz de Jesus. Herodes ficou conhecido pelas suas magníficas obras arquitetônicas, em especial a restauração e a ampliação do segundo templo, que, iniciada em 20 a.C., só seria concluída oitenta anos mais tarde, bem depois de sua morte. "Quem nunca viu o Templo de Herodes não sabe o que é a beleza", dizia um ditado na época. Casado com dez mulheres, que disputavam sua herança e poder, Herodes fez três diferentes testamentos. Morreu em 4 a.C., portanto, um pouco antes do nascimento de Jesus. Depois disso, a Judeia caiu sob o controle direto dos romanos. Um de seus guardiões foi Pôncio Pilatos. Herodes Antipas, um dos filhos de Herodes, o Grande, tornou-se rei da Galileia, onde se situava Nazaré, vilarejo habitado por Jesus, Maria e José.

O judaísmo do Segundo Templo, como era conhecido na época de Jesus, caracteriza-se por profundas divergências internas. Eram quatro os principais grupos rivais, também conhecidos como seitas. Os fariseus, com frequência criticados por Jesus nos Evangelhos, eram apegados a tradição e aos costumes, consideravam-se intérpretes e guardiões da lei de Moisés, mas colaboravam ostensivamente com os romanos. Parte deles acreditava em ressurreição. Os saduceus constituíam a casta sacerdotal e a aristocracia que mandava no templo. Também colaboravam com os ocupantes romanos. Os essênios, autores dos manuscritos de Qumran, haviam se afastado do judaísmo oficial do templo, que consideravam corrompido e desvirtuado. Preferiam levar uma vida austera e monástica no deserto. Os zelotes eram o grupo mais radical, que pregava a resistência armada contra os romanos e teria participação importante na revolta que levaria à destruição do templo em 70 d.C. De certa forma, o próprio cristianismo podia ser considerado uma seita ou dissidência do judaísmo oficial nos seus primeiros anos, antes de ganhar o mundo e ser adotado como religião oficial pelo Império Romano em 313 d.C.

O tempo do nascimento de Jesus foi marcado também pela feroz resistência contra a inevitável influência cultural dos impérios dominadores da região. Na remodelação do templo, Herodes dotou o edifício de colunas e fachadas inspiradas na arquitetura greco-romana. Sobre o pórtico principal, instalou uma águia de ouro, símbolo dos imperadores de Roma. A decisão causou tal revolta entre os judeus que a águia acabou derrubada durante a noite por um grupo de sabotadores. Na manhã seguinte, dezenas de pessoas foram executadas por ordem de Herodes. Pôncio Pilatos mandou instalar dentro dos muros de Jerusalém imagens de César Augusto, chamado pelos romanos de "o Deus Vivo". Voltou atrás quando uma gigantesca manifestação de protestos cercou sua casa em Cesareia Marítima. Tanto os romanos quanto Herodes mantinham os olhos atentos sobre as atividades do templo, centro político, religioso e cultural dos judeus. Por isso construíram, bem ali ao lado, a fortaleza Antonia, de onde soldados e centuriões controlavam toda a movimentação dos sacerdotes e dos fiéis. Dentro da fortaleza ficavam guardadas as vestes do sumo sacerdote, símbolo e autoridade máxima do judaísmo, cujo uso era liberado pelos romanos em dias de festas e celebrações religiosas especiais. Tudo isso representava uma grande humilhação para os judeus, que ansiavam pela chegada do Messias libertador.

Essas são as circunstâncias do Jesus histórico.

Os textos das meditações que compõem as partes II e III deste livro, de autoria de Osmar Ludovico da Silva, tratam da outra face de Jesus, a transcendente, que se manifesta no silêncio e na obscuridade do coração de seus fiéis.

Parte II:
A Galileia

As águas e os desertos

EXISTE UMA CIRCUNSTÂNCIA GEOGRÁFICA de forte simbolismo espiritual na história de Jesus de Nazaré. Sua vida consiste em permanente alternância entre o deserto e a água, a aridez e o verde. Belém, sua cidade natal segundo o relato de Mateus, fica no deserto da Judeia, um dos lugares mais ressequidos do território de Israel. Nazaré, onde passou a infância, está situada na Galileia, na encosta de uma colina pontilhada por bosques e plantações de uvas, azeitonas, tâmaras, cevada, aveia e trigo. O batismo pelas mãos de João Batista ocorreu nas margens do rio Jordão. Logo em seguida, passou quarenta dias em jejum no deserto, tentado pelo demônio. A etapa seguinte, o início do seu ministério, tem como cenário o maior reservatório de água doce de Israel, o mar da Galileia, cujas margens úmidas serviam de ancoradouro para os barcos de seus discípulos pescadores. O desfecho dessa história se passa em Jerusalém, novamente no deserto da Judeia, lugar seco e pedrogoso abastecido por uma única e preciosa fonte de água.

O simbolismo dessa curiosidade geográfica é óbvio. A água é a fonte da vida no planeta, assim como Jesus é a origem de uma nova vida para aqueles que nele creem. Por isso, ele próprio se define como um manancial de água viva jorrando sobre um mundo árido, oprimido e sem esperanças. "[...] aquele que beber da água que eu lhe der nunca terá sede, porque a água que eu lhe der se fará nele uma fonte de água a jorrar para a vida eterna", diz à mulher samaritana no Evangelho de João (Jo 4,14). E repete mais adiante: "Se alguém tem sede, que venha a mim e beba; se alguém crê em mim, rios de água viva correrão de seu ventre" (Jo 7,37-38).

Nazaré, o local em que Jesus viveu a infância, a juventude e parte da vida adulta, é atualmente um dos principais destinos turísticos em Israel. O trânsito é congestionado e barulhento. Filas de ônibus e vans despejam o tempo todo grupos de visitantes estrangeiros na porta das casas de comércio frequentadas também por palestinos cristãos e muçulmanos, judeus etíopes e russos — grupos que formam as principais etnias da região. Os cristãos são minoria, apenas 31% da população dominada por muçulmanos, que representam 68% do total. A competição entre os sinos das igrejas cristãs com os alto-falantes instalados no alto dos minaretes — as torres das mesquitas usadas pelos almuadens para convocar os fiéis à oração — produz uma incômoda cacofonia religiosa. As rivalidades ficam evidentes nas mensagens gravadas nas paredes da mesquita vizinha à Basílica da Anunciação, nas quais os cristãos são acusados de blasfêmia por acreditarem na Santíssima Trindade e na encarnação divina em Jesus Cristo. Da parte mais alta da cidade se tem uma visão panorâmica do vale de Esdrelon (ou de Jezreel), a região agrícola mais fértil e importante de Israel. Seria esse, segundo o Livro do Apocalipse, o local da batalha do Armagedom, o último e decisivo confronto entre as forças do bem e do mal, no fim dos tempos (Ap 16,16).

A movimentada Nazaré de hoje é um lugar muito diferente da aldeia rural nos tempos de Jesus menino e adolescente, cujas ruínas, segundo estimam os arqueológos, estariam situadas entre dez e quinze metros abaixo dos pés dos turistas que atualmente percorrem as ruas da cidade. Não havia ali, 2 mil anos atrás, nenhum edifício público ou construção imponente. As casas simples, de um só cômodo, eram feitas de pedra e barro caiado. Um único poço fornecia água para toda a população, estimada entre 150 e quatrocentos moradores, quase todos analfabetos e agricultores. A não ser nos Evangelhos, não há qualquer menção a Nazaré nos textos antigos. Era, portanto, um vilarejo insignificante, sem qualquer importância na geografia do Império Romano e da Palestina daquele tempo. Assim, não é por acaso que no Evangelho de João, ao saber que Jesus vinha daquela aldeia, Natanael, um dos novos discípulos, pergunta: "Pode vir alguma coisa boa de Nazaré?" (Jo 1,46). O comentário revela certo desprezo dos judeus por aquele lugar de gente inculta e isolada no campo, com fama de não fazer as devidas contribuições em dinheiro e animais ao templo, nem seguir rigorosamente as prescrições da lei judaica.

Na ausência de mansões ou prédios públicos importantes em Nazaré, é provável que os poucos artífices locais trabalhassem em obras ou atendessem encomendas de moradores das cidades vizinhas, onde haveria mais demanda por esse tipo de trabalho. Seria o caso do carpinteiro José e seu filho Jesus. Situada a apenas seis quilômetros de distância, a rica e cosmopolita Séforis, capital da Galileia, estava naquele momento sendo reconstruída pelo rei Herodes Antipas, depois de ser aniquilada durante as rebeliões que se seguiram à morte de seu pai, Herodes, o Grande, em 4 a.C. Era um imenso canteiro de obras que exigiria grande quantidade de profissionais qualificados.

Os trabalhos em Séforis incluíam a restauração das largas avenidas calçadas com pedras polidas, ladeadas por vilas romanas e casas de dois andares, equipadas com pátios, cisternas e salões de banhos cuja água era fornecida por dois aquedutos. O teatro romano tinha lugar para 4.500 espectadores. Faziam parte dos cerca de 40 mil moradores oficiais romanos e judeus ricos, profundamente influenciados pelos hábitos e costumes de Roma e da Grécia. Herodes Antipas viveu em Séforis até 20 d.C., quando então mudou-se para Tiberíades, nas margens do mar da Galileia. Isso significa que o jovem Jesus de Nazaré foi, até a juventude, vizinho do homem que participaria do seu julgamento em Jerusalém, alguns anos mais tarde.

Os galileus eram considerados rebeldes e encrenqueiros. Resistiram mais do que a Judeia ao domínio romano e à avassaladora influência cultural que se seguiu. Bandidos famosos aterrorizavam a região. As insurreições políticas e religiosas eram frequentes. O caráter indômito desse povo aparece de forma cifrada em algumas passagens dos Evangelhos. Em certa ocasião, os galileus de Nazaré tentaram inclusive matar Jesus, ameaçando jogá-lo de um penhasco depois de ouvir uma de suas pregações.

Outra passagem diz respeito a Simão, o Zelote, um dos doze discípulos, provavelmente natural da aldeia de Canaã, e cujo nome indicava um possível envolvimento com a resistência armada aos romanos. Zelote, palavra derivada do aramaico, significa "zeloso" ou "zeloso ao extremo". No caso de Simão, poderia ser uma referência ao zelo em relação à lei judaica ou aos ensinamentos de Cristo. Mas poderia também indicar que, antes de ser chamado para compor o grupo dos apóstolos, fizesse parte da seita mais radical no judaísmo da época, a dos zelotes, conhecidos pelo ardor religioso excessivo e pelo fervor nacionalista. Seriam eles os responsáveis pela revolta judaica, que, iniciada em 66 a.c., levaria à completa destruição do templo e de Jerusalém pelas tropas romanas quatro anos mais tarde.

Depois de viver com a família em Nazaré por cerca de trinta anos, Jesus mudou-se para Cafarnaum, local hoje desabitado e em ruínas nas margens do mar da Galileia. Mencionada com frequência nos Evangelhos, seria essa a base permanente de Jesus durante o seu ministério na região. Na época era, assim como Nazaré, um vilarejo sem expressão, habitado por pessoas relativamente pobres, de pouca ou nenhuma instrução formal, que viviam da agricultura e da pesca. Ali, Jesus recrutou seus primeiros discípulos, curou a sogra de Simão Pedro e o escravo de um oficial romano. Na sinagoga local, teve um de seus primeiros debates com líderes religiosos judeus acerca das Escrituras. Nas vertentes de uma colina nas vizinhanças fez o célebre sermão da montanha, que inclui as bem-aventuranças. Um pouco mais adiante, realizou, entre outros milagres, a multiplicação dos peixes e dos pães, e caminhou sobre as águas do mar da Galileia, para a surpresa dos discípulos, apavorados em uma noite de tempestade.

Com vinte quilômetros de comprimento por doze quilômetros de largura e cinquenta metros de profundidade máxima, o mar da Galileia, também conhecido como lago de Genesaré ou mar de Tiberíades, é um dos maiores reservatórios de água doce do Oriente Médio. Fica situado em uma depressão, 213 metros abaixo do nível do mar Mediterrâneo, e recebe suas águas da chuva e do rio Jordão, que nasce nas montanhas ao norte. Curiosamente, o mesmo Jordão continua a correr mais abaixo, servindo de condutor das águas do piscoso mar da Galileia para o mar Morto, um tristonho depósito de água salgada, ácida e sem qualquer forma de vida, aprisionado entre as desérticas áreas próximas de Jerusalém. É o percurso que Jesus fará ao longo de todo o seu ministério.

Essa alternância na geografia da vida de Jesus, entre o deserto e a água, compõe a sequência deste livro. As meditações das páginas seguintes têm como ambiente a úmida, verde e fértil região da Galileia, na qual Jesus passou a infância e a juventude, e onde também realizou seus primeiros milagres e fez suas primeiras pregações. Os textos da parte III, na sequência, têm como cenário Jerusalém, a cidade de clima árido, seco e desértico da Judeia, onde Jesus encerrou seu ministério antes de subir ao monte Calvário para ser crucificado — e novamente, na sua ressurreição, convertendo-se na fonte de água viva que jorra do coração daqueles que nele confiam.

Meditações sobre Jesus na Galileia

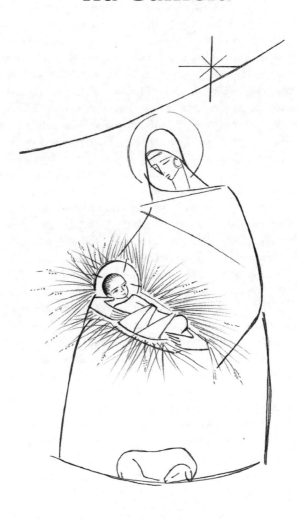

Maria, mãe de Jesus
Evangelho segundo São Lucas 1,26-55

No sexto mês, foi o anjo Gabriel enviado, da parte de Deus, para uma cidade da Galileia, chamada Nazaré, a uma virgem desposada com certo homem da casa de Davi, cujo nome era José; a virgem chamava-se Maria. E, entrando o anjo onde ela estava, disse: Alegra-te, muito favorecida! O Senhor é contigo. Ela, porém, ao ouvir esta palavra, perturbou-se muito e pôs-se a pensar no que significaria esta saudação. Mas o anjo lhe disse: Maria, não temas; porque achaste graça diante de Deus. Eis que conceberás e darás à luz um filho, a quem chamarás pelo nome de Jesus. Este será grande e será chamado Filho do Altíssimo; Deus, o Senhor, lhe dará o trono de Davi, seu pai; ele reinará para sempre sobre a casa de Jacó, e o seu reinado não terá fim. Então, disse Maria ao anjo: Como será isto, pois não tenho relação com homem algum? Respondeu-lhe o anjo: Descerá sobre ti o Espírito Santo, e o poder do Altíssimo te envolverá com a sua sombra; por isso, também o ente santo que há de nascer será chamado Filho de Deus. E Isabel, tua parenta, igualmente concebeu um filho na sua velhice, sendo este já o sexto mês para aquela que diziam ser estéril. Porque para Deus não haverá impossíveis em todas as suas promessas. Então, disse Maria: Aqui está a serva do Senhor; que se cumpra em mim conforme a tua palavra. E o anjo se ausentou dela. Naqueles dias, dispondo-se Maria, foi apressadamente à região montanhosa, a uma cidade de Judá, entrou na casa de Zacarias e saudou Isabel. Ouvindo esta a saudação de Maria, a criança lhe estremeceu no ventre; então, Isabel ficou possuída do Espírito Santo. E exclamou em alta voz: Bendita és tu entre as mulheres, e bendito o fruto do teu ventre! E de onde me provém que me venha visitar a mãe do meu Senhor? Pois, logo que me chegou aos ouvidos a voz da tua saudação, a criança estremeceu de alegria dentro de mim. Bem-aventurada a que creu, porque serão cumpridas as palavras que lhe foram di-

tas da parte do Senhor. Então, disse Maria: A minha alma engrandece ao Senhor, e o meu espírito se alegrou em Deus, meu Salvador, porque contemplou na humildade da sua serva. Pois, desde agora, todas as gerações me considerarão bem-aventurada, porque o Poderoso me fez grandes coisas. Santo é o seu nome. A sua misericórdia vai de geração em geração sobre os que o temem. Agiu com o seu braço valorosamente; dispersou os que, no coração, alimentavam pensamentos soberbos. Derribou do seu trono os poderosos e exaltou os humildes. Encheu de bens os famintos e despediu vazios os ricos. Amparou a Israel, seu servo, a fim de lembrar-se da sua misericórdia a favor de Abraão e de sua descendência, para sempre, como prometera aos nossos pais.

Uma vida de entrega e obediência a Deus

A MAIS EXTRAORDINÁRIA HISTÓRIA que o mundo já ouviu tem início 2 mil anos atrás, em um pequeno povoado de uma província periférica do Império Romano. Ali uma jovem temente a Deus recebeu a visita de um anjo. Seu cotidiano deveria ser como o de outra jovem qualquer daquela cultura: cuidar da casa, do quintal, onde haveria pequenos animais e uma roça de subsistência, e cultivar uma vida religiosa baseada em encontros semanais na sinagoga, nas festas e nas celebrações anuais.

O anjo diz a Maria que ela engravidará por meio do Espírito Santo e será a mãe do Filho de Deus. Ela está atenta espiritualmente e recebe aquela mensagem, mas não compreende como, sendo virgem, poderá engravidar. Está prometida ao seu noivo José, mas suas bodas ainda não se consumaram. O anjo responde que o poder do Altíssimo a envolverá com sua sombra e a fertilizará.

Como uma jovem simples reagiria a uma situação como essa? Maria responde: Eis aqui a serva do Senhor, assim se cumpra em mim a Sua palavra. O que quer dizer: que assim seja, que assim se cumpra em mim, eis aqui o meu útero. É a partir dessa absoluta vulnerabilidade e entrega que essa história vai ser escrita.

Nossos passos de fé não são guiados por uma lógica pragmática e racional. A fé, ao contrário, surge na contramão daquilo que conseguimos explicar e compreender. A fé acontece quando ouvimos a voz de Deus e, perante ela, nos vulnerabilizamos e entregamos a Ele nosso útero, metáfora do espaço nas profundezas de nossa alma onde podemos ser fertilizados por Deus para gerar vida em nós e através de nós.

A história da Anunciação coloca em xeque nossa compreensão de força e poder. Sim, força e poder são atributos de Deus, mas o Deus de Maria nos revela um traço insólito de Seu caráter. Ele deseja viver entre nós, Ele se esvazia de sua força e de seu poder, e depende do útero e do seio de uma mulher.

Maria, nos diz o texto, guardava todas essas coisas e meditava sobre elas no seu coração. Ela não é atropelada pelos acontecimentos. Cada palavra do anjo, cada sentimento que essa revelação suscita, ela os guarda e medita sobre seus significados. Ao fazer isso, Maria nos revela a importância do silêncio, do recolhimento, da imersão na nossa vida interior para melhor ouvir o coração de Deus e o nosso próprio coração.

Os textos do Novo Testamento são econômicos no que se refere à vida de Maria, mãe de Jesus. Há cerca de meia dúzia de citações sobre ela nos quatro Evangelhos, não mais que isso. As circunstâncias de seu nascimento e morte são misteriosas, o que levou o monge trapista norte-americano Thomas Merton a dizer que a santidade de Maria é a mais escondida de todas. Só se revela na forma humilde e obediente com que se submete à vontade de Deus e pode ser resumida em uma frase do Magnificat: "Eis aqui a serva do Senhor". Na ausência de informações objetivas, sobram teorias e tradição a seu respeito. Uma delas diz que Maria seria natural de Séforis, cidade vizinha de Nazaré, e que teria morado com os pais Joaquim e Ana em Jerusalém, no local onde hoje está erguida a bela igreja de Santa Ana, situada entre o Monte do Templo e o tanque de Betesda.

Fruto dessa meditação, Maria entoa um cântico, conhecido através da história como o Magnificat. Um dos textos mais poéticos das Escrituras, expressa a resposta de alguém que ouve a Deus e se entrega a Ele em confiança. Mesmo não compreendendo o quadro todo, Maria intui que está vivendo uma experiência que transcende tudo o que é visível e explicável à luz da razão.

E ela canta: "O meu espírito se alegrou em Deus, meu Salvador". Ela percebe que o Deus encarnado por meio de seu útero é o seu Salvador e o Salvador de toda a humanidade, que não se trata de algo pessoal e isolado, mas que abarca o universo inteiro. Ela sabe que esse Deus está ao lado dos pequenos, dos simples, dos pobres, dos humildes. Ela canta que o Deus de seus pais é misericordioso e fiel em Suas promessas. No Magnificat, faz poesia, mas também se revela, além de poeta, profeta e teóloga.

José, avisado pelo anjo do que está acontecendo, aceita Maria e a recebe como esposa mesmo sabendo que está grávida. Ele também, um carpinteiro da aldeia, não compreende o quadro todo, mas movido pela obediência e pelo amor, tem parte preponderante nessa história. Se José a denunciasse e a deixasse, Maria seria exposta e poderia ser julgada por adultério, cuja pena seria a morte.

Passados nove meses, nasce Jesus Cristo na cidade de Belém, para onde o casal se dirigiu para um recenseamento ordenado pelos romanos. Nasce numa estrebaria, cercado por animais. Ao mesmo tempo, o céu se abre e pastores veem anjos cantando com alegria.

A família regressa para casa com o recém-nascido. Herodes, preocupado com as notícias de que o Messias prometido, o rei dos judeus, havia nascido, e sentindo-se ameaçado e temeroso de perder o seu poder, ordena que os meninos com menos de dois anos sejam mortos (Mt 2,13-21). Contrastando com Jesus Cristo, o Senhor do Universo que abre mão do Seu poder para servir, ao longo da história deparamos com homens ávidos de poder e que, para mantê-lo, não hesitam em se tornar déspotas e tiranos assassinos.

O anjo novamente aparece e avisa José e Maria. E eles fogem na calada da noite, empreendendo uma longa viagem até o Egito, pelo menos seiscentos quilômetros de caminhos precários e cheios de perigo. Herodes morre, e eles, tão distantes de Israel, são avisados pelo anjo de que podem voltar.

Assim é a vida, há situações em que não conseguimos enfrentar forças muito mais poderosas do que nós e que nos ameaçam com a morte. Nesses momentos, precisamos fugir, nos retirar, esperar que a ameaça se dissipe. Existe um tempo de sair de situações de conflito extremo, mas há também um tempo de voltar.

Muitas vezes fugimos e não voltamos, e nos tornamos eternamente fugitivos de situações que já foram resolvidas.

José, Maria e o menino Jesus também nos lembram do drama atual de milhões de refugiados de catástrofes naturais e de regimes sanguinários, e nos convidam à solidariedade e à ajuda a todos os que fogem de situações-limite.

O tempo passa e Jesus já tem doze anos. A família sobe a Jerusalém para a festa da Páscoa, como é o costume dos bons judeus. Apesar de pobres, faziam esforços todos os anos para participar da mais importante celebração judaica. Uma família que ama a Deus e cultiva sua relação com Ele.

Terminada a festa, Maria e José partem de volta para Nazaré, mas no final do dia notam a ausência de Jesus. Quando chega a noite, saem para procurá-lo. Eles o buscam entre os parentes e amigos e não o encontram (Lc 2,39-52). Então, depois de um dia de caminhada, regressam a Jerusalém. Na grande cidade, passam três dias angustiantes.

O CAMINHO DO PEREGRINO 63

Maria e José certamente sabiam que o filho adolescente tinha alguma responsabilidade e autonomia. Provavelmente confiavam que seria capaz de se virar sozinho e que deveria estar bem e com algum amigo por perto. Por que demoraram tanto para encontrar Jesus? Onde procurariam um adolescente? Possivelmente em lugares frequentados por adolescentes. Por isso, não lhes ocorreu procurá-lo no templo. Talvez não tenham percebido inicialmente o momento de trasformação na vida de Jesus Cristo, a transição da adolescência e seu novo interesse pelas coisas de Deus, sua consciência messiânica. Jesus vive ali uma experiência nova de descoberta e autonomia.

Quando finalmente o encontram, é Maria quem fala em nome de ambos: "Filho, por que fizeste assim conosco? Teu pai e eu, aflitos estamos em sua procura". Ela não o repreende ou acusa, simplesmente pergunta: "Filho, por que fizeste isto?". É diferente de dizer: você é um irresponsável. Numa sociedade conservadora e patriarcal, é a mulher quem consegue melhor expressar seus sentimentos e emoções. Ela sabe que há uma distinção entre o *ser* e o *fazer*, por isso ela o chama de filho. Sua identidade não foi mudada: ele continua filho. É assim que os pais o tratam, apesar da indisfarçável contrariedade em relação a sua conduta. Precisamos aprender a questionar as condutas sem a necessidade de atacar o *ser*, que, pelo contrário, nesta hora de confronto, precisa ser afirmado e protegido.

O sentimento experimentado por Maria e José diante do desaparecimento temporário do filho Jesus também nos ensina algo a respeito das nossas reações ante as incertezas naturais da vida humana. Ambos estão aflitos, angustiados e ansiosos. Como pode uma família tão piedosa e tão saudável se angustiar? Afinal, trata-se aqui da Sagrada Família, a escolhida por Deus para trazer ao mundo o Seu filho encarnado. E por que ela não haveria de se angustiar? Às vezes, achamos que sentimentos como medo, insegurança, tristeza, ira e raiva, considerados "desagradáveis" e "negativos", são proibidos para os cristãos. Devemos censurar e reprimir nossas emoções? Nessa passagem do Evangelho de Lucas, Maria demonstra sua angústia de forma adequada. Ela não se preocupa em escondê-la ou disfarçá-la.

A psicologia e a medicina nos ensinam que a dificuldade em admitir problemas e as emoções reprimidas podem gerar doença. Isso acontece não só quando ocultamos aquilo que consideramos negativo, mas também quando nos recusamos a expressar alegria, afeto, carinho e ternura. Lucas descreve um momento de tensão, o enfrentamento de uma crise típica de família com adolescentes, uma situação difícil, permeada de sentimentos de angústia e inquietação.

Mesmo sem compreender tudo o que estava acontecendo, a família regressa a Nazaré, onde a vida segue o seu curso. "O menino era-lhes submisso", diz o texto bíblico. E a mãe "guardava esta experiência em seu coração".

Outro momento de tensão na vida da Sagrada Família ocorre na sequência desse evento e é relatado no Evangelho de João. Também dessa vez é Maria quem intervém, no papel de mãe e mediadora, para a solução de um problema. Je-

O CAMINHO DO PEREGRINO 65

sus, já adulto, é convidado com sua família e seus discípulos para uma festa de casamento em Caná da Galileia, vilarejo próximo a Nazaré (Jo 2,1-11).

No meio da festa, o vinho acaba. Maria comunica a Jesus o que estava acontecendo. Ele responde que nada tinha a ver com isso, pois ainda não era chegada a Sua hora. Maria não desiste. Ela sabe quem é o seu filho e, num gesto corajoso e diante de todos, exclama: "Fazei tudo que Ele vos disser". Este é o mandamento de Maria, uma verdade com alcance eterno e universal, uma frase-chave para compreender quem é Jesus Cristo. Ele é o Senhor de toda a humanidade e Maria nos convida a olhar para Jesus e ser obedientes à Sua palavra. É pela intercessão de Maria que Ele faz o seu primeiro milagre: transforma a água em vinho para a festa não acabar antes da hora.

Essa mesma Maria, cerca de três anos depois, estará presente no momento da crucificação no Gólgota. Todos os discípulos fugiram apavorados após a prisão e a sentença de morte contra Jesus. Só João permanece ali, testemunha da agonia na cruz, na companhia de algumas poucas mulheres: Maria, a irmã dela, Maria, mulher de Cléopas, e Maria Madalena (Jo 19,25). Nesse novo momento de angústia e sofrimento, Maria provavelmente já é viúva, pois não há mais menção a José. Jesus se dirige a João e pede que cuide de sua mãe: "Eis aí a tua mãe".

Maria sabe que seu filho está morrendo na cruz e certamente seus olhares se cruzam. Apesar de sua dor, ela confia. Acredita que essa não é uma morte definitiva e que Jesus não é mera vítima indefesa de uma trama humana. Ela ainda guarda no coração a mensagem do anjo da Anunciação: "O ente santo que há de nascer será chamado Filho de Deus".

Diante da cruz, a jovem simples de Nazaré, agora na maturidade, é testemunha da maior revelação da história humana: seu filho Jesus Cristo é o Senhor do Universo, que se esvaziou de suas prerrogativas divinas para viver entre nós, morrer pelos nossos pecados e ressuscitar no terceiro dia. Essa é a mensagem dos Evangelhos, da qual Maria é testemunha, para todos os seres humanos, em todo tempo, em todo lugar. O desfecho da história de Maria está no livro dos Atos dos Apóstolos. Já se passaram quarenta dias desde a ressureição de Jesus Cristo. Ele não somente foi visto por muita gente, mas conversou e comeu com os discípulos. Antes de ascender aos céus, promete enviar o Espírito Santo e orienta os discípulos a espalhar a boa notícia por todo o mundo. Os apóstolos voltam para Jerusalém e se reúnem no cenáculo para orar. Maria está com eles. Esta é a última menção a ela no Novo Testamento (At 1,12-14).

Maria permanece vinculada à comunidade dos discípulos. Nem sempre deve ter sido fácil a convivência entre eles, tão diferentes que eram. Que lição tirar disso? Hoje, passados quase 2 mil anos, nós também temos dificuldade em manter vínculos de amizade e de pertencimento. Isso acontece mesmo entre as pessoas piedosas e fiéis à mensagem do Evangelho. É muito triste constatar nos dias de hoje as rupturas e as desistências nas nossas comunidades de fé. Nessa última menção a Maria, ela nos ensina a importância da estabilidade dos nossos relacionamentos e da vida comunitária.

O nascimento de Jesus Cristo
Evangelho segundo São Lucas 2,1-38

Naqueles dias, foi publicado um decreto de César Augusto, convocando toda a população do império para recensear-se. Este, o primeiro recenseamento, foi feito quando Quirino era governador da Síria. Todos iam alistar-se, cada um à sua própria cidade. José também subiu da Galileia, da cidade de Nazaré, para a Judeia, à cidade de Davi, chamada Belém, por ser ele da casa e família de Davi, a fim de alistar-se com Maria, sua esposa, que estava grávida. Estando eles ali, aconteceu completarem-se-lhe os dias, e ela deu à luz o seu filho primogênito, enfaixou-o e o deitou numa manjedoura, porque não havia lugar para eles na hospedaria. Havia, naquela mesma região, pastores que viviam nos campos e guardavam o seu rebanho durante as vigílias da noite. E um anjo do Senhor desceu onde eles estavam, e a glória do Senhor brilhou ao redor deles; e ficaram tomados de grande temor. O anjo, porém, lhes disse: Não temais; eis aqui vos trago boa-nova de grande alegria, que o será para todo o povo: é que hoje vos nasceu, na cidade de Davi, o Salvador, que é Cristo, o Senhor. E isto vos servirá de sinal: encontrareis uma criança envolta em faixas e deitada em manjedoura. E, subitamente, apareceu com o anjo uma multidão da milícia celestial, louvando a Deus e dizendo: Glória a Deus nas maiores alturas, e paz na terra entre os homens, a quem ele quer bem. E, ausentando-se deles os anjos para o céu, diziam os pastores uns aos outros: Vamos até Belém e vejamos os acontecimentos que o Senhor nos deu a conhecer. Foram apressadamente e acharam Maria e José e a criança deitada na manjedoura. E, vendo-o, divulgaram o que lhes tinha sido dito a respeito deste menino. Todos os que ouviram se admiraram das coisas referidas pelos pastores. Maria, porém, guardava todas estas palavras, meditando-as no coração. Voltaram, então, os pastores glorificando e louvando a Deus por tudo o que tinham ouvido e visto, como lhes fora *anunciado. Completados oito dias para ser circuncidado o menino, deram-lhe o nome de JESUS, como lhe chamara o anjo, antes de ser concebido. Passados os dias da purificação deles segundo a Lei de Moisés, levaram-no a Jerusalém para o apresentarem ao Senhor, conforme o que está escrito na Lei do Senhor: Todo primogênito ao Senhor será consagrado; e para oferecer um sacrifício, segundo o que está escrito na referida Lei: Um par de rolas ou dois pombinhos. Havia em Jerusalém um homem chamado Simeão; homem este justo e piedoso que esperava a consolação de Israel; e o Espírito Santo estava sobre ele. Revelara-lhe o Espírito Santo que não passaria pela morte antes de ver o Cristo do Senhor. Movido pelo Espírito, foi ao templo; e, quando os pais trouxeram o menino Jesus para fazerem com ele o que a Lei ordenava, Simeão o tomou nos braços e louvou a Deus, dizendo: Agora, Senhor, podes despedir em paz o teu servo, segundo a tua palavra; porque os meus olhos já viram a tua salvação, a qual preparaste diante de todos os povos: luz para revelação aos gentios, e para glória do teu povo de Israel. E estavam o pai e a mãe do menino admirados do que dele se dizia. Simeão os abençoou e disse a Maria, mãe do menino: Eis que este menino está destinado tanto para ruína como para levantamento de muitos em Israel e para ser alvo de contradição (também uma espada traspassará a tua própria alma), para que se manifestem os pensamentos de muitos corações. Havia uma profetisa, chamada Ana, filha de Fanuel, da tribo de Aser, avançada em dias, que vivera com seu marido sete anos desde que se casara e que era viúva de oitenta e quatro anos. Esta não deixava o templo, mas adorava noite e dia em jejuns e orações. E, chegando naquela hora, dava graças a Deus e falava a respeito do menino a todos os que esperavam a redenção de Jerusalém.*

Evangelho segundo São Mateus 2,1-12

Tendo Jesus nascido em Belém da Judeia, em dias do rei Herodes, eis que vieram uns magos do Oriente a Jerusalém. E perguntavam: Onde está o recém-nascido Rei dos judeus? Porque vimos a sua estrela no Oriente e viemos para adorá-lo. Tendo ouvido isso, alarmou-se o rei Herodes, e, com ele, toda a Jerusalém; então, convocando todos os principais sacerdotes e escribas do povo, indagava deles onde o Cristo deveria nascer. Em Belém da Judeia, responderam eles, porque assim está escrito por intermédio do profeta: E tu, Belém, terra de Judá, não és de modo algum a menor entre as principais de Judá; porque de ti sairá o Guia que há de apascentar a meu povo, Israel. Com isto, Herodes, tendo chamado secretamente os magos, inquiriu deles com precisão quanto ao tempo em que a estrela aparecera. E, enviando-os a Belém, disse-lhes: Ide informar-vos cuidadosamente a respeito do menino; e, quando o tiverdes encontrado, avisai-me, para eu também ir adorá-lo. Depois de ouvirem o rei, partiram; e eis que a estrela que viram no Oriente os precedia, até que, chegando, parou sobre onde estava o menino. E, vendo eles a estrela, alegraram-se com grande e intenso júbilo. Entrando na casa, viram o menino com Maria, sua mãe. Prostrando-se, o adoraram; e, abrindo os seus tesouros, entregaram-lhe suas ofertas: ouro, incenso e mirra. Sendo por divina advertência prevenidos em sonho para não voltarem à presença de Herodes, regressaram por outro caminho a sua terra.

Os personagens ao redor do recém-nascido

No MUNDO DE HOJE, tão movido a consumo e entretenimento, o Natal se tornou uma festa comercial, desconectada do seu real significado histórico e espiritual. É uma época do ano de muita agitação, muitas compras, muita festa, muito barulho e muito excesso. Nesses dias, abrimos presentes deixados sob pinheirinhos artificiais e nos lembramos muito mais do Papai Noel do que do aniversariante, o menino Jesus, nascido em uma manjedoura em Belém da Judeia, 2 mil anos atrás.

Para melhor compreender o nascimento de Jesus Cristo, seguiremos na companhia daqueles que foram partícipes e testemunhas desse acontecimento: Maria, José, os pastores, os magos. Mas também olharemos para aqueles que ali estavam e nada entenderam: Herodes, os sacerdotes e o dono da hospedaria.

Conhecemos muitas profecias do Antigo Testamento acerca desse acontecimento. "Portanto o Senhor mesmo vos dará sinal: Eis que a virgem conceberá, e dará à luz um filho, e lhe chamará Emanuel", escreve o profeta Isaías. Ou ainda o profeta Miqueias: "E tu Belém Efrata, pequena demais para figurar como grupo de milhares de Judá, de ti sairá o que há de reinar em Israel, e cujas origens são desde os tempos antigos, desde os dias da eternidade".

Cerca de setecentos anos depois dessas profecias, um anjo aparece para uma jovem camponesa em Nazaré da Galileia, na época da ocupação romana, durante o reinado de Herodes. O anjo traz uma revelação desconcertante: "Maria, não temas, porque achaste graça diante de Deus. Eis que conceberás e darás à luz um filho a quem chamarás pelo nome Jesus. Este será grande e será chamado Filho do Deus Altíssimo, o Senhor lhe dará o trono de Davi seu pai; ele reinará para sempre sobre a casa de Jacó e o seu reinado não terá fim".

Maria, ao se entregar a Deus, representa cada um de nós que, diante da revelação divina, nos abrimos e nos tornamos vulneráveis o suficiente para sermos penetrados pela graça e fertilizados pelo Espírito Santo, de modo a dar lugar à vida de Cristo em nós. Se Maria literalmente dá à luz o Jesus Cristo histórico, nós também geramos no nosso coração o Cristo transcendente, que age em nós e através de nós.

Na meditação anterior, já discorremos sobre a extraordinária experiência de Maria, mas outros personagens participaram dessa história, alguns sem perceber a magnitude do acontecimento enquanto outros entenderam e se renderam ao mistério do Deus encarnado.

José, o noivo de Maria, sabe que a criança não é dele. E discretamente resolve deixar a noiva, pois sabe que, se a denunciar, a lei a punirá por adultério com o apedrejamento. Logo depois o anjo aparece a José e lhe esclarece o que está acontecendo. Obediente à vontade de Deus, ele a recebe como esposa. José foi alguém que amou e protegeu sua amada sem exigir seus direitos.

Chegada a hora do parto, Maria e José estão em Belém por conta do recenseamento ordenado pelas autoridades. A cidade está cheia e, na falta de alojamentos, o dono de uma hospedaria oferece o estábulo para a grávida e seu marido se abrigarem. Vale a pena refletir um pouco sobre o comportamento dessa testemunha do Natal. Ocupado e agitado com seus negócios, o dono da hospedaria não se dá conta do tamanho do drama histórico e transcendente que se desenrola diante dele. Se soubesse o que estava para acontecer, muito provavelmente teria oferecido seu próprio quarto.

Quantos de nós, hoje, não reagimos assim diante do mistério e da revelação ante os nossos olhos? Preferimos seguir nossa rotina, cumprir nossos horários e obrigações diárias, sem perceber que, muitas vezes, há uma mensagem transformadora sendo transmitida em um olhar, uma frase, um sorriso, um gesto inesperado de bondade ou pelo céu estrelado sobre nossa cabeça em uma noite qualquer.

Assim nasceu Jesus, numa estrebaria. O relato dos Evangelhos nos surpreende pela ausência de detalhes acerca do recém-nascido na manjedoura. Envolto em faixas, foi acomodado num cocho que lhe serviu de berço. Ninguém diz: que gracinha, que bonitinho ou qualquer outra coisa a respeito de seu comportamento ou aspecto físico, se chorou, se mamou, muito menos com quantos quilos nasceu. Nem mesmo que nasceu pobre. Nada se fala da criança.

Nos Evangelhos, há notícias sobre José e Maria, seu noivado, a mensagem dos anjos, a gravidez, o cântico, a visita à Isabel, a viagem para Belém. Fala-se também da corte real e do recenseamento, dos pastores, dos céus se abrindo e dos anjos cantando, da adoração dos magos. No meio disso tudo está o Deus menino, silencioso, quase imperceptível, no entanto, tão presente. Ele é o ápice desse extraordinário acontecimento. Está no centro da vida de José e Maria. É para Ele que os pastores e os magos são chamados. O recém-nascido atrai tudo para si, porém sem chamar a atenção sobre si. Deus entra na história humana de forma discreta, pois, se agisse de maneira diferente, não poderíamos suportar Sua glória e Seu poder eternos. Ele é a essência dessa história, tudo se concentra Nele, tudo está com Ele, vem Dele e se volta para Ele. No entanto, Ele é todo fragilidade e vulnerabilidade — um Deus que, por amor, se esvazia de Seu poder e glória eternos e se deixa cuidar e nutrir por um seio humano.

Nas vizinhanças da manjedoura, um grupo de pastores cuida de seus rebanhos. É o turno da noite, um emprego menor, mal pago, de gente muito simples. Esses homens são surpreendidos por um anjo, que lhes anuncia: "Eu vos trago boa-nova de grande alegria; é que hoje vos nasceu na cidade de Davi o Salvador, que é Cristo, o Senhor. E isto vos servirá de sinal: encontrareis uma criança envolta em faixas e deitada em manjedoura". E os céus se abriram diante de seus olhos e eles viram e ouviram os anjos cantando: "Glória a Deus nas alturas e paz na terra aos homens de boa vontade". Os pastores foram apressadamente a Belém, encontraram o menino e, em seguida, começaram a divulgar a notícia a todos que cruzavam pelo caminho.

Os próximos personagens dessa história, os magos, são ainda hoje um enigma para muitos estudiosos das Escrituras. Cerca de seis séculos antes, os judeus estiveram cativos na Babilônia durante setenta anos. Ali profetizaram Daniel, Ezequiel, Ageu, Zacarias, Malaquias, Neemias e Esdras. Ali também Ester foi rainha. Nos Evangelhos não há menção à origem dos magos, mas tudo indica que eles eram da antiga região da Pérsia e da Babilônia, nobres, eruditos, astrólogos, e que tiveram acesso a fragmentos das Escrituras na biblioteca imperial. Eles sabiam que Deus tinha prometido um Messias ao povo hebreu, um rei justo e bondoso, cujo reino seria universal e eterno. Um dia, ao observar no céu uma nova estrela, para eles um sinal, empreenderam uma viagem sem saber muito bem onde encontrar o rei menino. Tudo o que queriam era adorar, presentear e exaltar o Messias Prometido. Esse desejo os leva a uma longa peregrinação, de cerca de oitocentos quilômetros. Guiados pela estrela, chegam primeiro a Jerusalém. Ali são recebidos pelo rei Herodes, a quem perguntam sobre o nascimento do Messias, o rei prometido dos judeus. Herodes, cioso de seu trono, fica alarmado com a notícia. Como não sabe responder a pergunta dos magos, convoca os sacerdotes. E eles respondem: em Belém nasceria o Messias, conforme a profecia de Miqueias (Mq 5,2). Herodes dá a notícia aos magos e pede que eles retornem com informações precisas acerca da localização do recém-nascido, para que também possa adorá-lo. Era, obviamente, uma mentira, porque na realidade ele planejava matá-lo.

O que acontece em seguida é uma cena das mais surpreendentes. Vindos de um país distante, homens cultos e ricos entram numa casa simples de periferia, se ajoelham diante de um bebê e, tomados de alegria e júbilo, o adoram e entregam seus presentes a Maria.

A Basílica da Natividade, em Belém, é um dos templos cristãos mais antigos de Israel. A primeira igreja ali construída é do ano 339 d.C. A basílica é também um caso único de lugar sagrado que resistiu às ondas de destruição e vandalismo durante as frequentes guerras e revoluções na Terra Santa. Na invasão dos persas, no ano 614 d.C., o edifício foi salvo devido a uma curiosidade iconográfica: o mosaico situado sobre a porta principal mostra a cena da adoração dos reis magos ao menino Jesus, com personagens cujas roupas, turbantes e acessórios logo foram identificados pelos soldados e oficiais invasores como sendo de sua própria terra de origem. A tradição diz que os reis magos, de fato, teriam vindo da Pérsia para adorar o Jesus recém--nascido na manjedoura de Belém.

Os poderosos, como Herodes, e os profissionais da religião, como os sacerdotes, não percebem a grandiosidade do acontecimento por diferentes razões. Herodes, por se aferrar ao seu poder despótico, se vê ameaçado por Jesus Cristo e quer eliminá-lo. Os sacerdotes, porque são burocratas religiosos, conhecem as Escrituras, mas seus corações estão distantes de Deus, incapazes de entender o mistério e a revelação daquele momento.

O início do Evangelho de João nos dá toda a dimensão desse extraordinário acontecimento ao associar o nascimento de Jesus Cristo à história da criação do mundo no Livro do Gênesis: "No princípio era o Verbo, e o Verbo estava com Deus, e o Verbo era Deus. Ele estava no princípio com Deus. Todas as cousas foram feitas por intermédio dele, e sem ele nada do que foi feito se fez. A vida estava nele, e a vida era a luz dos homens". E acrescenta: "E o Verbo se fez carne e habitou entre nós, cheio de graça e de verdade, e vimos a sua glória, glória como do unigênito do Pai".

Nos campos de Belém estavam os pastores nas vigílias da noite, e no Oriente, sábios que observavam os céus. Viviam na mesma época e não se conheciam. Os pastores foram avisados por anjos. Os magos receberam o sinal de uma estrela.

Enquanto isso, um homem chamado Simeão simplesmente espera em Jerusalém o que dizia a promessa que recebera de Deus. Se os pastores e os magos foram até Jesus em Belém, com Simeão ocorre o contrário. É Jesus quem vai ao seu encontro em Jerusalém. O homem justo, piedoso, cheio do Espírito Santo, como nos contam os Evangelhos, não toma a iniciativa de ir buscá-Lo, mas aguarda com paciência e esperança a Sua visitação.

Já se passaram quarenta dias do nascimento de Jesus. Simeão está no Templo esperando quando Maria e José vêm trazer a oferta do primogênito, um par de rolas ou pombinhos, opção para os pobres, conforme prescreve a Torá. Maria e José estão em silêncio, os pastores ficaram em Belém, e os magos haviam retornado ao seu país por outra estrada. Nenhum aviso de anjos, nenhum sinal nos céus para Simeão, que apenas espera e confia. Simeão vê o bebê e diz: "Meus olhos já viram a tua salvação".

Esse não é um dia de festa, de multidões, mas certamente havia muitas pessoas no Templo. Como pode Simeão reconhecer nesse bebê no colo dos pais, gente simples, o descendente do rei Davi, o Messias de Israel? A resposta está no texto bíblico: "O Espírito Santo estava sobre ele"; em seguida: "revelara-lhe o Espírito Santo"; e ainda: "movido pelo Espírito Santo". Simeão toma o bebê nos braços e enxerga nele a face visível de Deus. É o Espírito Santo que nos conduz em direção a Deus, para encontrá-Lo além das nossas expectativas e projeções, ali onde menos esperamos encontrá-Lo.

Ainda no Templo, o Evangelho de Lucas menciona Ana, uma viúva piedosa, de 84 anos, que também vê o recém-nascido, dá graças e conta a todos que a redenção de Israel havia se cumprido. Tudo isso está acontecendo no Templo de Jerusalém, um lugar prestigioso em Israel, mas também contestado e malfalado. O esplendor arquitetônico do templo na época do nascimento de Jesus tinha sido obra de Herodes, um rei cruel e vaidoso, que não temia a Deus. Resultado, portanto, de mãos impuras investindo na atividade religiosa. Esta, infelizmente, tem sido uma tentação constante na história da Igreja, o poder temporal e do dinheiro de mãos dadas com o poder público para manipular e explorar o povo.

No Templo estavam os implacáveis fariseus legalistas e toda sorte de comércio. Os essênios se recusavam a pisar ali, os samaritanos adoravam em outro lugar. E, apesar de tudo isso, é ali que Simeão encontra o Salvador. Deus vai ao Templo encontrar dois velhinhos —Ana e Simeão. Esse Deus tem Sua própria agenda, não se importa com grandes resultados e se apresenta também em lugares suspeitos e contestados. Guardadas as proporções, vivemos hoje uma situação parecida. A igreja cristã é contestada, malfalada, tem comércio e legalismo. Muitos não querem saber de pôr os pés em lugares que julgam dominados por investimentos e lucros espúrios. No entanto, Deus se revela a quem Ele escolhe, onde e quando quer. É um erro acreditar que Deus precisa de uma Igreja perfeita para realizar a obra da redenção. No Templo de Jerusalém e na Igreja contemporânea, apesar da má fama, ainda há quem encontre o perdão e a salvação.

No estábulo de Belém e no Templo de Jerusalém tangenciamos o mistério da encarnação de Deus. Por mais que busquemos explicações, por mais que queiramos compreender, algo aqui nos escapa. Resta-nos abrir o coração para, diante da criança na manjedoura, sermos contagiados e inspirados pela entrega de Maria, a fidelidade de José, a alegria dos anjos, a humildade dos pastores, a reverência dos magos, a piedade de Simeão e a gratidão de Ana.

A pesca maravilhosa
Evangelho segundo São Lucas 5,1-11

Aconteceu que, ao apertá-lo a multidão para ouvir a palavra de Deus, estava ele junto ao lago de Genesaré; e viu dois barcos junto à praia do lago; mas os pescadores havendo desembarcado lavavam as redes. Entrando em um dos barcos, que era o de Simão, pediu-lhe que o afastasse um pouco da praia; e, assentando-se, ensinava do barco as multidões. Quando acabou de falar, disse a Simão: Faze-te ao largo, e lançai as vossas redes para pescar. Respondeu-lhe Simão: Mestre, havendo trabalhado toda a noite nada apanhamos, mas sobre a tua palavra lançarei as redes. Isto fazendo, apanharam grande quantidade de peixes; e rompiam-se-lhes as redes. Então fizeram sinal aos companheiros do outro barco, para que fossem ajudá-los. E foram e encheram ambos os barcos a ponto de quase irem a pique. Vendo isto Simão Pedro prostrou-se aos pés de Jesus, dizendo: Senhor, retira-te de mim, porque sou pecador. Pois, à vista da pesca que fizeram, a admiração se apoderou dele e de todos os seus companheiros, bem como Tiago e João, filhos de Zebedeu, que eram seus sócios. Disse Jesus a Pedro: Não temas: doravante serás pescador de homens. E arrastando eles os barcos sobre a praia, deixando tudo, o seguiram.

Poucas palavras e um chamado sublime

AO REDOR DO MAR DA GALILEIA Jesus Cristo viveu com sua família, cresceu, começou sua vida pública, conheceu seus amigos e fez seu primeiro milagre. Podemos imaginar o quanto Jesus Cristo gostou e desfrutou desse lindo lugar. É uma região fértil, de clima ameno, gente simples, entremeada por singelas aldeias, suaves colinas e pequenas praias. Por ali, ele frequentou a sinagoga, andou no meio do povo, participou de almoços, jantares, festas de casamento, como uma pessoa simples e despretensiosa. Ao escolher um lugar assim, Jesus revela traços marcantes do caráter de Deus, seu desejo de estar perto do povo e seu amor por gente despojada e humilde.

Foi em uma dessas praias do mar da Galileia que Jesus Cristo encontrou e escolheu seus primeiros discípulos. Mas, antes disso, o texto bíblico nos diz que ele já tinha pregado na sinagoga de Nazaré, curado um possesso em Cafarnaum e também a sogra de Pedro. Já era conhecido na região como profeta e suas pregações atraíam muita gente.

Certo dia Jesus prega à beira do lago. A multidão vai chegando e o empurra em direção às águas. Ele olha ao redor e vê, não muito longe dali, alguns barcos de pesca atracados e os pecadores sentados na praia, lavando as redes. Ele se aproxima, sobe em um dos barcos e continua sua pregação. Embora não tenhamos o registro do que disse naquele dia, sabemos que gostava de falar das coisas de Deus através de parábolas. Falava do divino e do eterno por meio de metáforas, a partir de situações com as quais seus ouvintes estavam familiarizados no dia a dia.

Jesus, depois de ter falado para as multidões, agora se dirige a alguns poucos homens: Simão, Tiago e João. Ele se volta aos pescadores na praia e diz: "Vamos zarpar e lançar as redes para pescar". E encontra por parte deles certa frustração e relutância. Simão diz: "Tentamos pescar a noite inteira, não tem peixe". Imagino Simão fazendo uma pequena pausa antes de emendar: "Mas sobre a tua palavra lançarei as redes".

O que terá acontecido com Simão naquela pequena pausa, entre sua relutância e sua concordância? Ele diz: "Sobre a tua palavra lançarei as redes". Naquele intervalo, invadido por misteriosa convicção, ele responde ao convite de Jesus com uma afirmação de obediência. Poderia ter dito: "O mar não está para peixe hoje, disto nós entendemos, pois pescamos neste mar desde meninos". Mas, ao ouvir a palavra de Cristo, Simão tem a coragem de experimentar aquilo que achava que não ia dar certo.

Frequentemente ouvimos a voz de Jesus Cristo, mas não temos a coragem de crer e obedecer. Sua mensagem nos parece bela e pertinente, mas no fundo não achamos que pode dar certo. No entanto, basta uma pequena pausa para que essa palavra suscite em nós a fé e a obediência.

Na sequência desse relato, eles saem para pescar. Para a surpresa de todos, a pesca é farta, muito além do que se esperava. As redes estão tão repletas de peixes que quase se rompem. Os barcos, abarrotados, correm o risco de submergir com o peso da carga. Simão e seus sócios, Tiago e João, chamam outro barco para socorrê-los, que também volta para a margem no limite de sua capacidade.

Qual o significado da pesca milagrosa? Os pescadores ouviram a voz do Senhor, creram e obedeceram contra todas as evidências. Como resultado, tocados pela graça e pela providência divinas, foram abençoados com uma grande pesca. Se tentassem ficar com toda a carga de peixes, teriam afundado, mas dividem aquilo que receberam graciosamente da parte de Deus. É o que ocorre conosco quando somos tocados pela graça de Deus e abençoados materialmente. Já não queremos desfrutar sozinhos. O milagre é um convite à partilha e à vida comunitária.

Muitas pessoas vivem estas três primeiras etapas da experiência cristã: ouvem a Palavra de Deus; creem e obedecem; são abençoados e repartem. E param por aqui, acomodados em suas comunidades, onde celebram, estudam a Bíblia, observam preceitos morais, vivem fraternalmente e ajudam os mais pobres. No entanto, Jesus Cristo ainda não terminou a Sua obra. Ele quer aprofundar ainda mais a experiência de encontro com os Seus primeiros discípulos.

O texto do Evangelho nos diz que, logo depois da pesca milagrosa, Simão Pedro "prostrou-se aos pés de Jesus dizendo: Senhor, retira-te de mim, porque sou pecador". O que aconteceu a Pedro continuou acontecendo a milhares de homens e mulheres ao longo da história, e até os dias de hoje. Encontramo-nos com Jesus Cristo e não conseguimos mais permanecer em pé, caímos de joelhos diante Dele. Sua presença desarma o nosso espírito e também o nosso corpo. Algumas vezes, a experiência do encontro divino altera o batimento cardíaco, provoca uma lágrima no canto do olho ou um longo e profundo suspiro. O impacto da presença de Cristo mexe com a alma, mas também gera alguma reação somática, de natureza física e biológica. Deus transforma tudo o que encontra pela frente.

Os místicos cristãos dizem que, em face do mistério de Deus, nosso consciente, nossos sentimentos, nossos sentidos e nosso corpo são igualmente afetados. É uma experiência completa, imediata, transcendente, inenarrável e irreproduzível ante o sagrado, o divino, o eterno, o sublime. O texto diz: "À vista da pesca, a admiração e o temor se apoderaram dele e de todos os seus companheiros", uma experiência de êxtase reverente que as palavras não conseguem descrever.

Pedro é invadido por uma profunda sensação de finitude, inadequação e pequenez diante da inacessível santidade de Cristo. Ele se percebe longe de Deus e necessitado de perdão e salvação. Por isso, diz: "Senhor, retira-te de mim porque sou pecador".

Assim como Pedro, maravilhado com a santa, doce e bendita presença do Senhor, agora é a nossa vez de clamar ao Senhor: "Tem misericórdia de nós, não somos dignos, somos pecadores, precisamos de sua salvação e do seu poder para nos tornar pessoas melhores".

E Ele nos ouve. Tem sido assim nestes últimos 2 mil anos de história. Homens e mulheres cujas vidas impactaram a humanidade foram seguidores e imitadores de Jesus Cristo. Madre Teresa de Calcutá, uma freira albanesa, de baixa estatura, transformou o mundo servindo aos pobres nos bolsões de miséria da Índia. Pelos padrões corporativos atuais, era alguém sem nenhuma credencial, currículo ou avaliação de

A pesca é ainda hoje uma importante atividade econômica no mar da Galileia. Nas suas águas existem 22 espécies comerciais. Na época de Jesus, os peixes frescos não duravam muito sob o calor da região, situada em uma depressão a mais de duzentos metros abaixo do nível do mar. Por isso, o produto era salgado ou mantido em conserva dentro de uma mistura de sal, azeite e vinagre. A denominação de alguns vilarejos são indicativos dessas técnicas de conservação dos pescados. Magdala, nome do povoado onde teria nascido Maria Madalena, vem do hebraico *Migdal Nunnaya*, que significa "Torre de Peixe": uma estrutura de madeira usada para secar os peixes antes de serem vendidos nas cidades vizinhas de Tiberíades e Séforis. No mar da Galileia também são comuns, ainda hoje, as famosas tempestades descritas nos Evangelhos. No verão, mudanças bruscas de temperatura seguidas de fortíssimas rajadas de vento nos vales que circundam a região podem produzir ondas com mais de dois metros de altura.

desempenho. A força transformadora dessa alma muito simples, cuja beleza era reconhecida por todos, inclusive pelos mandatários deste mundo, estava no seu compromisso com Cristo e na sua coerência em seguir Seus ensinamentos.

Até aqui falamos de quatro etapas da vida cristã: ouvir a voz de Deus, crer e obedecer, ser abençoado e repartir o fruto da graça, se reconhecer como pecador e encontrar o perdão de Cristo. Mas há uma etapa mais profunda e definitiva no relacionamento com Deus. No milagre da pesca milagrosa, ela ocorre quando Jesus ajuda Pedro a se levantar e diz: "Não temas, doravante serás pescador de homens".

"Não tenha medo" é uma das mensagens divinas mais frequentes e mais poderosas nas Escrituras. Deus não quer que tenhamos medo de segui-Lo ou de usufruir plenamente o dom da vida que recebemos pelo Seu amor e Sua misericórdia. "Eu vim para que tenham vida e a tenham com abundância", anuncia Jesus no Evangelho de João (10,10).

Há muito medo em nós: medo de Deus, medo de morrer, medo de não sermos aceitos e compreendidos, medo de ficar sem nada. Em meio à opressão do Império Romano e da corrupção dos líderes religiosos de Jerusalém, Jesus Cristo anuncia uma boa-nova: Deus é Pai com muitas coisas de mãe, seu Filho está entre nós para nos perdoar e salvar, encher nosso coração de fé, de esperança e de amor. Não há nada a temer.

Nessa mensagem há um sentido existencial profundo. Deus nos confia uma missão, um chamado, uma tarefa. Ele nos quer a Seu serviço, espalhando Sua mensagem de amor e esperança por todo o mundo. Deseja que sejamos instrumentos em Suas mãos para construir um mundo melhor, mais pacífico, mais justo, com mais generosidade e solidariedade. É através do amor ao próximo que realmente encontramos um significado para a nossa vida.

Os Evangelhos nos convidam a lançar redes mundo afora, isto é, anunciar as boas-novas de Nosso Senhor Jesus Cristo. Nós podemos lançar as redes, fazer o anúncio, mas o milagre de recolher homens e mulheres para o Seu Reino é de Deus, somente de Deus. Jesus fez uso de uma metáfora para que aqueles homens, a maioria deles sem diploma ou credenciais, pudessem compreender sua nova vocação.

Quando Deus nos chama para uma missão, nunca temos o quadro todo. Deus não se explica, não tenta convencer, é extremamente econômico em Suas palavras. Até aqui, Ele só disse: "Vamos pescar" e, agora, "serás pescador de homens". Só isso! E o texto nos conta que "eles, deixando tudo, o seguiram". Ou seja, mesmo não compreendendo tudo, eles abrem mão dos barcos, da pesca, do negócio, do ter e do fazer, do medo, para dali em diante serem discípulos a serviço do Senhor Jesus Cristo.

Jesus não é um profeta ou filósofo, é o Filho de Deus, e naquela manhã, às margens do mar da Galileia, não viu somente pescadores anônimos e frustrados pelo resultado de seu trabalho. Viu os apóstolos que iriam espalhar sua mensagem pelos quatro cantos da Terra.

Jesus acalma uma tempestade
Evangelho segundo São Marcos 4,35-41

Naquele dia, sendo já tarde, disse-lhes Jesus: Passemos para a outra margem. E eles, despedindo a multidão, o levaram assim como estava, no barco; e outros barcos o seguiam. Ora, levantou-se grande temporal de vento, e as ondas se arremessavam contra o barco, de modo que o mesmo já estava a encher-se de água. E Jesus estava na popa, dormindo sobre o travesseiro; eles o despertaram e lhe disseram: Mestre, não te importa que pereçamos? E ele, despertando, repreendeu o vento e disse ao mar: Acalma-te, emudece! O vento se aquietou, e fez-se grande bonança. Então, lhes disse: Por que sois assim tímidos?! Como é que não tendes fé? E eles, possuídos de grande temor, diziam uns aos outros: Quem é este que até o vento e o mar lhe obedecem?

Uma presença silenciosa em meio às nossas crises

UMA NUMEROSA MULTIDÃO se aglomera às margens do mar da Galileia para ouvir os ensinamentos de Jesus Cristo. Seus discípulos também estão presentes e Ele passa o dia ensinando por meio de exemplos e metáforas, de forma que todos possam entender. Nesse dia o Mestre conta a parábola do semeador. Ao cair da noite Ele convida os discípulos a embarcar e passar para o outro lado do lago. No meio da travessia, ergue-se uma tempestade inesperada e violenta. As ondas sacodem o barco no meio da escuridão, relâmpagos riscam o céu e trovões anunciam mais chuva e mais vento.

Uma travessia noturna. Parecida com muitas situações de nossa vida. Embarcamos para uma nova empreitada, iniciamos um caminho e, de repente, percebemos que já não podemos voltar atrás. No entanto, ainda não chegamos aonde desejamos.

O texto de Marcos nos conta que, em meio à tempestade, Jesus Cristo dorme na popa sobre um travesseiro. Está cansado e quer um momento de descanso e privacidade. Dorme tranquilamente, fruto de uma absoluta confiança e imensa paz interior.

Na vida enfrentamos tempestades externas que ameaçam e põem em risco a nossa existência. E elas desencadeiam uma tempestade interna. Sacudidos pelo perigo, nos sentimos como os discípulos no barco. Abalados emocionalmente, experimentamos pânico e angústia.

Muitas vezes, basta uma pequena frustração, uma interrupção nos nossos planos ou uma simples palavra adversa para que ventos impetuosos movam ondas gigantes na nossa alma. Perdemos a tranquilidade e o equilíbrio emocional e nos vemos prestes a submergir, impotentes e perdidos. Uma tempestade no coração nem sempre está relacionada a uma causa específica. Somos nós mesmos a origem das tempestades internas.

A agitação da nossa mente e do nosso coração pode ser comparada à tempestade que sacudiu o barco dos discípulos, no mar da Galileia, enquanto Jesus dormia. Pensamos no pior, perdemos a paz interior e temos dificuldades para dormir. Os discípulos, aterrorizados pela tempestade, acordam Jesus e reclamam: "Não te importa que pereçamos?". Projetam sobre Ele toda a sua ansiedade. Sentem-se desamparados e responsabilizam Jesus.

Fazemos a mesma coisa: em momentos de dificuldade nos sentimos abandonados por Deus. É como se Ele não se importasse conosco e não cuidasse de nós. Achamos que Deus nem sequer percebe nossa angústia e está distante, impotente, que não podemos contar com Ele, estamos sós e abandonados à nossa própria sorte. No entanto, ele não está ausente, está simplesmente silencioso.

Ao acordar, Jesus responde às inquietações dos discípulos com uma simples pergunta: "Por que sois assim tímidos?". E acrescenta: "Como é que não tendes fé?". A fé é a virtude mais essencial na experiência espiritual. A fé em Cristo pode ser testada em situações-limite. Quando confiamos e nos entregamos a Ele, somos invadidos por uma misteriosa paz e pela convicção de que nossa vida está, de fato, nas mãos de Deus.

Jesus se levanta no barco, repreende o vendaval e as ondas impetuosas. A tempestade se acalma. Ele pode igualmente acalmar o nosso coração quando agitado pelo medo. Jesus Cristo nos acompanha nas nossas travessias e está conosco quando inquietações atormentam nossa alma. Só então podemos ouvi-Lo dizer: "Silêncio, acalma-te".

O Senhor das tempestades e das crises diz: "Aquietai-

-vos, e sabei que sou Deus" (Sl 46,10). O descanso e a paz interior não são fruto de um esforço mental nem de nossas próprias realizações e conquistas. Ocorrem quando, no meio da tempestade, ouvimos a voz daquele que convida à quietude interior e à confiança na Sua graça.

A verdadeira experiência de fé não nos livra das crises e das turbulências externas e internas, mas nos conduz a desfrutar da presença de Deus em nosso coração na hora difícil. Deus nos convida a adentrar numa paz sublime e misteriosa, a encontrar refúgio seguro, e assim a tempestade se torna palco para a intervenção de Deus.

A tempestade descrita no Evangelho de Marcos tornou evidente quem Jesus Cristo era. Os discípulos já O conheciam, mas agora O conhecem mais profundamente. Cheios de temor, eles perguntam uns aos outros: Quem é Este a quem até o vento e o mar obedecem? Desse modo, conseguem avançar do medo da tempestade para o temor na Sua presença.

Temor na linguagem bíblica não significa medo, mas uma reação natural do ser humano diante do mistério de Deus. Não é o medo que afasta, mas uma profunda admiração e reverência diante Daquele que não compreendemos nem podemos controlar, mas que nos atrai e nos fascina. É uma experiência imediata e transcendente, irreproduzível e indescritível, do encontro do eu real com o mistério, o sublime, o sagrado, o eterno, o divino. Um êxtase, uma epifania, um alumbramento diante de Deus que afeta nossa consciência, nossos sentimentos, nossos sentidos e nosso corpo. O temor é uma profunda admiração diante de Deus, de quem nos sentimos completamente à mercê, mas sem medo, simplesmente maravilhados.

Um verdadeiro encontro com Deus nos infunde essa reverência, que nos leva a cair de joelhos diante Dele. Ninguém pode produzir ou provocar esse encontro. Só podemos esperar em quietude aquilo que depende apenas da vontade e da revelação de Deus. Está na dimensão do mistério, não da técnica ou do método.

Quando enfrentamos uma situação adversa e perigosa, ouvimos muitas vozes dentro de nós. Somos tentados a desistir, fugir, ou então somos tomados de sentimentos depressivos. Culpamos Deus, a família, o trabalho e o governo, nos tornamos ressentidos, fechados, desprezados. Ou então tentamos resolver na base da força ou da violência.

É nessa hora, em que vozes ressoam em nossa mente e em nosso coração, que podemos experimentar a presença de Deus, que diz: "Aquietai-vos e sabei que sou Deus". A voz que ordena às águas e aos ventos que se acalmem na Galileia é a mesma que hoje aquieta as nossas tempestades e crises internas.

A cura do surdo e gago
Evangelho segundo São Marcos 7,31-37

De novo se retirou das terras de Tiro e foi por Sidom até o mar da Galileia, através do território de Decápolis. Então lhe trouxeram um surdo e gago e lhe suplicaram que impusesse as mãos sobre ele. Jesus, tirando-o da multidão, à parte, pôs-lhe os dedos nos ouvidos e lhe tocou a língua com saliva; depois erguendo os olhos aos céus, suspirou e disse: Efatá, que quer dizer: Abre-te. Abriram-se os ouvidos, e logo se lhe soltou o empecilho da língua, e falava desembaraçadamente. Mas lhes ordenou que a ninguém o dissessem; contudo, quanto mais recomendava, tanto mais eles o divulgavam. Maravilharam-se sobremaneira, dizendo: Tudo ele tem feito esplendidamente; não somente faz ouvir os surdos, como falar os mudos.

A restauração pela palavra e pela intimidade

A HISTÓRIA DE UM ENCONTRO. Um relato que inclui toda a humanidade. Uma referência que nos ensina como Deus age quando se aproxima de nós. Uma inspiração para entender como agir quando encontramos o nosso próximo.

Olhamos para um texto que tem mais de 2 mil anos e ele parece uma história remota e distante de nós. É, no entanto, uma palavra viva que se realiza aqui e agora, e Cristo vem nos encontrar da mesma forma como encontrou o surdo e gago. Esta é a função da Palavra Viva: gerar um encontro. Ele nos encontra e somos curados.

O texto é a descrição detalhada de uma cura. É um enredo de cinco ações e uma só palavra. As ações precedem e preparam a palavra. Jesus Cristo não tenta convencer ou explicar, Ele só diz *Efatá*. Embora Marcos escrevesse em grego, deixou a palavra em aramaico, e ao longo de toda a história os tradutores da Bíblia para outras línguas não ousaram retirar *Efatá* do Texto Sagrado, limitando-se a acrescentar o seu significado mais próximo em outros idiomas: "Abre-te". Trata-se de uma palavra forte, que viaja através da história e das nações tal qual Jesus a pronunciou.

O surdo e gago é uma metáfora da humanidade. Temos dificuldade de ouvir o outro. Às vezes, ouvimos de forma truncada e seletiva. Ou, então, simplesmente não ouvimos. Em outras ocasiões, nos expressamos mal, não conseguimos dizer tudo que desejamos ou simplesmente nos calamos. Há colocações fora de hora, palavras truncadas e interpretações equivocadas. Todo mundo fala, todo mundo ouve, mas ninguém se entende. Dos obstáculos à comunicação surgem as dificuldades no casamento, na família e na comunidade em que vivemos. O surdo e gago levado a Jesus representa cada um de nós em nossas dificuldades relacionais de compreender e de ser compreendido.

A forma e o ambiente em que se dá essa cura têm muito a nos dizer. Jesus tira o surdo da multidão. É o seu primeiro movimento. Ele quer distância de uma aglomeração curiosa e ruidosa. O encontro começa com privacidade, não sob os holofotes, mas secretamente. A cura vai acontecer no contexto de um encontro pessoal, olho no olho. Aceitamos Seu convite de um encontro privado ou preferimos nos esconder atrás do burburinho? Muitos buscam Cristo nos templos, nos ajuntamentos, mas têm medo da intimidade.

Por causa dessa dificuldade humana, as religiões promovem grandes celebrações e rituais, nos quais muitos correm em busca de um encontro, mas acabam por se render a uma espiritualidade superficial, de natureza mágica e de entretenimento, em que as pessoas se dissolvem anonimamente no meio da multidão, sem vínculos, sem vida comunitária.

O que significa para nós esse convite de Jesus, que nos tira dos grandes ajuntamentos e nos leva para um lugar de privacidade e intimidade? Ao fazer isso, Jesus revela o valor infinito do ser humano na sua unicidade e a possibilidade de um verdadeiro encontro de duas individualidades. Revela também que uma cura não precisa de palco e de público, e que Ele não quer somente curar, mas também encontrar.

O segundo movimento de Jesus é tocar com Seus dedos os ouvidos do surdo e gago. Ele não diz nada, simplesmente toca a parte ferida naquele homem. Ele toca empaticamente, pois como disse o profeta Isaías: "Ele tomou sobre si todas as nossas enfermidades" (Is 53,4). Nada que é verdadeiramente humano Lhe é desconhecido, Ele sabe de todas nossas capacidades e habilidades, mas também de todas nossas patologias e maldades. Jesus é o ferido que cura. Somos curados quando Ele nos toca.

Com Suas mãos amorosas, Ele toca nosso corpo e também a nossa interioridade. Sim, também nossa alma está ferida.

Temos uma agenda secreta, que ninguém sabe e ninguém vê: são nossos pecados ocultos, nossas mentiras, nossos relacionamentos conflituosos, nossos ressentimentos, nossas frustrações, nossas dores e nossas angústias. Por vezes, nem temos consciência desse ferimento e nos escondemos da cura. Tentamos conviver com a dor e ocultá-la por meio de sorrisos cordiais, agenda cheia e religiosidade sem substância. Nossa agenda secreta nos corrói por dentro; somatizamos e passamos a depender de analgésicos e tranquilizantes.

Para feridas escondidas, camufladas e negadas, não há cura. No encontro com Jesus, para ser curado é preciso mostrar a ferida e permitir que Ele a toque. Jesus Cristo nos convida a esse encontro e a ser tocado por Ele ali onde está nossa dor maior, aquela que ninguém sabe, ninguém vê. O surdo e gago se deixa levar por Jesus a uma experiência de encontro pessoal e privado e permite ser tocado na sua ferida.

O terceiro movimento de Jesus é lhe tocar a língua com a saliva. Trata-se de um gesto de extrema afetividade, no qual o homem sente na sua boca o gosto da boca de Jesus. Uma experiência tão intensa que chega a ser quase sufocante. De tal intensidade que é difícil suportá-la. Diante dela, a única resposta possível é o silêncio — não um silêncio constrangedor, mas uma comunhão profunda, reverente e sem palavras.

A boca é a porta para nossos afetos. Com ela expressamos ternura e amor quando beijamos a pessoa amada. É também o lugar da palavra que reconhece, que afirma, que acarinha. A boca é sensível aos sabores, ao paladar, aos prazeres da mesa com a família e os amigos. Ao tocar nossa boca, Jesus nos liberta para expressar nossos afetos e para desfrutar os sabores da vida. Esta é, portanto, uma cura a partir de um toque de intimidade. Jesus busca convívio e proximidade. Em geral, desejamos curas mágicas, ter a saúde devolvida, mas de modo mecânico, à distância. Ele vem para curar nossa dificuldade de desenvolver vínculos de intimidade. Um encontro com Jesus, uma cura de Jesus, pode dar início a um recomeço, a uma nova história de vida, a uma transformação interior que nos torna mais compreensivos e mais bem compreendidos nos relacionamentos mais próximos.

O quarto movimento de Jesus é erguer os olhos aos céus. Ele ora silenciosamente. Ao tirar os olhos daquela situação, Ele ora ao Pai, Aquele que é a fonte e a origem de todas as curas, de todos os afetos, de todas as narrativas bondosas e de todos os sabores. Jesus Cristo é o nosso intercessor e o nosso advogado junto a Deus Pai.

Em seguida, o texto nos relata que Jesus suspirou. Ele é tocado por esse encontro e continua a ser tocado hoje a cada novo encontro com cada um de nós. Ele se emociona diante de nós, que há muito desaprendemos a suspirar. Controlamos nossas emoções, as tristes e as alegres, as de desgosto e as de contentamento, as de amor e as de ódio. E o resultado é uma vida fria, preocupada, entediada, sem choros, mas também sem alegria e risos. Ah, que falta faz o suspiro nas nossas orações, nos nossos casamentos, nas nossas famílias e nos nossos encontros.

Finalmente, o sexto e último movimento de Jesus é falar. Uma só palavra: *Efatá*. Abre-te. Jesus Cristo nos tira da multidão, deseja intimidade, toca nossa ferida, intercede por nós, suspira e diz *Efatá*, abre-te. Abre o teu coração. Somos seres trancados, o pecado original é a exclusão do outro. Ele vê a nossa aflição e ordena: *Efatá, abre-te*. Assim nos abrimos para Deus e para o próximo. Só então somos curados de nossos relacionamentos feridos e podemos recomeçar, pouco a pouco, dia após dia, a construir vínculos de afeto e intimidade, a ouvir e falar com o coração.

Quando nos abrimos a Jesus Cristo, encontramos a realidade profunda de seu amor incondicional, imerecido, irretribuível, imutável e infinito. Entramos em contato com o mistério de Deus revelado na face de Jesus e permeado por um amor que não podemos medir ou quantificar, que nos constrange, nos toca e para o qual nos entregamos plenamente.

No encontro com Jesus Cristo o surdo e gago não diz nada. E Jesus só diz uma palavra. Para aqueles que confiam e esperam, basta uma só palavra de Deus para mudar o curso de sua vida. Tocado e transformado por Jesus, o surdo e gago sai dali e começa a falar desembaraçadamente. Há nele um jeito novo de se expressar, mais claro, mais fluido, mais compreensível. Um milagre extraordinário acaba de acontecer, mas Jesus ordena que nada se divulgue. O Filho de Deus não precisa de publicidade! Ele não busca notoriedade ou visibilidade, Seu desejo é simplesmente estar perto de nós.

O bom samaritano
Evangelho segundo São Lucas 10,25-37

E eis que certo homem, intérprete da Lei, se levantou com o intuito de pôr Jesus à prova e disse-lhe: Mestre, que farei para herdar a vida eterna? Então, Jesus lhe perguntou: Que está escrito na Lei? Como interpretas? A isto ele respondeu: Amarás o Senhor, teu Deus, de todo o teu coração, de toda a tua alma, de todas as tuas forças e de todo o teu entendimento; e: Amarás o teu próximo como a ti mesmo. Então, Jesus lhe disse: Respondeste corretamente; faze isto e viverás. Ele, porém, querendo justificar-se, perguntou a Jesus: Quem é o meu próximo? Jesus prosseguiu, dizendo: Certo homem descia de Jerusalém para Jericó e veio a cair em mãos de salteadores, os quais, depois de tudo lhe roubarem e lhe causarem muitos ferimentos, retiraram-se, deixando-o semimorto. Casualmente, descia um sacerdote por aquele mesmo caminho e, vendo-o, passou de largo. Semelhantemente, um levita descia por aquele lugar e, vendo-o, também passou de largo. Certo samaritano, que seguia o seu caminho, passou-lhe perto e, vendo-o, compadeceu-se dele. E, chegando-se, pensou-lhe os ferimentos, aplicando-lhes óleo e vinho; e, colocando-o sobre o seu próprio animal, levou-o para uma hospedaria e tratou dele. No dia seguinte, tirou dois denários e os entregou ao hospedeiro, dizendo: Cuida deste homem, e, se alguma coisa gastares a mais, eu to indenizarei quando voltar. Qual destes três te parece ter sido o próximo do homem que caiu nas mãos dos salteadores? Respondeu-lhe o intérprete da Lei: O que usou de misericórdia para com ele. Então, lhe disse: Vai e procede tu de igual modo.

A arte de ensinar por parábolas

UM DOS MISTÉRIOS MAIS INTRIGANTES dos Evangelhos é a sua linguagem. Como é possível que uma mensagem de aparência simplória, à primeira vista desprovida de qualquer sofisticação intelectual, tenha sido capaz de gerar um impacto tão grande na história da humanidade e na vida de bilhões de mulheres e homens nesses últimos 2 mil anos? Esse enigma nos é ainda mais desafiador nos tempos de hoje.

Vivemos em um mundo dominado pelas palavras. Somos bombardeados diariamente por mensagens de toda natureza, desde as mais banais, tão comuns nos programas populares da televisão e nas redes sociais, até as mais elaboradas, supostamente de grande complexidade e valor intelectual, presentes nos textos acadêmicos, nos discursos oficiais e nas teses filosóficas. Como é possível que nenhuma dessas mensagens consiga, nem remotamente, ter a mesma eficácia da linguagem usada por Jesus nos Evangelhos?

Jesus ensinou por meio de parábolas. São alegorias e metáforas do dia a dia, e não uma construção teológica sofisticada. Ao ensinar através de parábolas, Jesus nos convida a usar a imaginação. Nas parábolas, a realidade visível, palpável e imanente aponta e revela a realidade invisível e transcendente, fora do alcance dos nossos cinco sentidos. São imagens vivas, que conhecemos, para nos ajudar a perceber e compreender realidades espirituais que desconhecemos.

Ao mesmo tempo que revelam, as parábolas e seus símbolos também escondem aquilo que seríamos incapazes de entender por causa da limitação da nossa mente e dos nossos sentidos. Dessa maneira, as parábolas nos livram de racionalizações inúteis. Em vez de explicar, elas nos convidam a contemplar a cena. É como alguém que viaja para uma terra distante e estranha e vê cenas que nunca tinha visto antes. Quando regressa, a única maneira de descrever sua experiência é comparando o que viu com aquilo que é conhecido e familiar aos ouvintes.

Na parábola do bom samaritano, Jesus Cristo conversa com um religioso que Lhe pergunta como herdar a vida eterna. Ele responde com outra pergunta: "Que está escrito na Lei?". Ou seja, qual a sua leitura e sua interpretação? Cada um lê a Bíblia de um jeito, a partir de experiências e conceitos adquiridos ao longo da vida. O religioso cita o primeiro mandamento: amar a Deus e ao próximo. "Respondeste corretamente", diz Jesus. "Faze isto e viverás".

Para aqueles que aspiram a eternidade, Jesus Cristo diz que é amando que a alcançaremos. Não se trata de uma doutrina ou de uma religião, mas do exercício cotidiano de amar a Deus e ao próximo como a nós mesmos. A qualidade de nossos vínculos e dos nossos afetos são eternos. O amor é divino, perene, santo e jamais passará. A vida eterna tem a ver com nosso amor a Deus e o cultivo desse relacionamento através da nossa devoção e oração em segredo, isto é, fora do público. Mas também amar e servir ao nosso próximo. Cuidar do próximo como cuidamos de nós mesmos. Isso é resultado do exercício possível da afetividade no dia a dia, em outras palavras, tem a ver com o aqui e o agora, com o chão da vida. Viver a vida cotidiana determina a nossa vida eterna.

O religioso conhece bem esse antigo mandamento que trata do amor a Deus e ao próximo, mas ele tem mais perguntas. São, porém, perguntas evasivas, cujo objetivo óbvio é discutir a verdade de Deus, em vez de admiti-la e segui-la no coração. Conhecedor da armadilha, Jesus, em lugar de responder diretamente à nova pergunta do religioso, recorre a uma parábola, ou seja, uma pequena história.

Jerusalém fica no alto, é uma cidade murada, grande e afluente. Jericó, ao contrário, fica no vale deserto, é pequena e desprotegida. Certo homem, conta Jesus, descia de Jerusalém para Jericó quando foi surpreendido por assaltantes, que não somente o roubam, mas o agridem e o deixam caído na estrada.

Também nós somos assaltados e sobressaltados nos nossos caminhos. Acontece nas estradas da vida, nos nossos deslocamentos no tempo e no espaço. Somos surpreendidos por situações adversas e deparamos com o mal que está neste mundo. Somos roubados de nossos sonhos, de nossos desejos, há momentos de perda e frustração. São as crises que nos pegam de surpresa e interrompem nossos projetos. São dores de alma que nos derrubam e nos paralisam. Ficamos impotentes, deprimidos, sem coragem para prosseguir.

Diz a parábola que o primeiro a passar pelo homem ferido é um sacerdote, o que equivaleria a dizer um rabino, padre ou pastor. Ou seja, um líder religioso, um cuidador espiritual que sabe tudo a respeito do Livro Sagrado e de Deus. Alguém que representa a nossa religiosidade, nossas leis, nossas regras, nossos ritos, nossos dogmas e a nossa instituição religiosa. Nessa história, é também uma pessoa que tem muito medo de se envolver com a dor do outro, prefere estar no templo a se aproximar de alguém caído na estrada. É, portanto, o típico representante de uma religião que prefere falar de vitória, prosperidade, felicidade, e foge da humanidade ferida e sofredora.

Em seguida passa um levita, um doutor da lei que conhece as minúcias da Palavra. Representa todo nosso saber teológico divorciado do chão da vida. Conhece todos os conceitos, todas as regras e as burocracias religiosas, tem todas as respostas, mas sem amor. Quando descartamos o amor, resta o controle, o desempenho, o poder, e já não há mais espaço para a compaixão e para a misericórdia. O levita também faz de conta que não vê o homem ferido e segue seu caminho, como se nada tivesse acontecido. Na sequência, vem o samaritano que, ao ver o ferido, dele se compadece. Apeia de seu cavalo e cuida de suas feridas.

Os judeus tinham relações estremecidas com os samaritanos, povo habitante de uma região vizinha da Judeia que, embora tivesse uma mesma herança étnica e espiritual, era visto como herege e desviado. O apóstolo João chegou mesmo a sugerir que Jesus enviasse fogo do céu para consumir os samaritanos. Aos olhos de um judeu, tratava-se, portanto, de

> Vizinhos e rivais dos judeus na época de Jesus, os samaritanos ainda hoje sobrevivem no Estado de Israel. Formam uma pequena comunidade étnica de cerca de setecentas pessoas, divididas entre as cidades de Nablus e Hebron. Eles se consideram descendentes de Efraim e Manassés, duas das dez tribos perdidas de Israel, o reino do norte capturado pelos assírios em 721 a.c., assertiva que os atuais judeus ortodoxos rejeitam. Sua religião é baseada no Pentateuco, os cinco primeiros livros da Bíblia, mas não reconhece Jerusalém como o centro espiritual. Em vez disso, consideram como lugar sagrado o monte Jerezim, situado no território da Antiga Samaria.

um estrangeiro, um estranho, alguém discriminado pelo levita e pelo sacerdote, também ferido pelo preconceito e rejeitado. O ferido é sensível à dor dos outros, o que também nos remete ao papel de Jesus Cristo: só um Deus ferido poderia nos salvar.

O samaratino rejeitado e ferido no seu orgulho pelo preconceito mostra compaixão por aquele homem caído à beira da estrada, sente a dor do outro como se fosse dele próprio. Essa é uma expressão profunda do amor de Deus, que vem ao encontro do homem ferido.

A compaixão e a misericórdia são virtudes humanas; elas revelam o melhor da nossa humanidade. São virtudes que estão escondidas e anestesiadas em nosso coração, atrás da nossa frieza e do nosso descaso, da rigidez do nosso distanciamento que evita a fragilidade e a dor. Quando nos compadecemos de alguém, nós nos identificamos com o sofrimento, o que significa que nos tornamos samaritanos, não somente para os outros, mas também para nós mesmos, necessitados que somos de cura e misericórdia.

O samaritano passa e vê, desce do seu cavalo, se aproxima e aplica óleo, um bálsamo que alivia a dor, e vinho, um antisséptico que limpa a ferida. Em seguida, acomoda o ferido sobre o próprio animal e o leva até uma hospedaria, responsabilizando-se por todas as despesas de sua permanência ali.

A compaixão nos leva a assumir responsabilidades e a ajudar o próximo sem nenhuma expectativa de recompensa. Em vez de exigir pagamento por nossos esforços, nos tornamos dispostos a gastar nosso tempo e nossos recursos. O samaritano vai seguir o seu caminho, não espera agradecimento ou reconhecimento, ele parte e permanece anônimo.

Muitos vivem das feridas dos outros, controlando-os, vigiando-os. As pessoas ajudadas nunca ficam boas e se tornam dependentes do favor alheio. Outros vivem olhando indefinidamente para suas próprias feridas e nunca ficam bons. E não há compaixão para os outros sem compaixão para nós mesmos.

Nessa parábola, cada personagem tem um pouco de nós mesmos: o homem assaltado e caído à beira da estrada, o sacerdote, o levita e o samaritano.

O ferido: nossas dores, nossas angústias, nossa solidão, nossa impotência.

O sacerdote: o conhecimento teológico que nega o sofrimento, que faz perguntas evasivas.

O levita: a atividade religiosa institucional, que se distancia da vida.

O samaritano: a misericórdia.

Amamos a Deus quando somos misericordiosos para com nós mesmos e com o nosso próximo. Ou seja, quando amamos com todo nosso coração, com todos nossos afetos e sentimentos, com toda nossa alma, com toda nossa energia psíquica, com todo nosso entendimento, toda nossa compreensão e nossa inteligência.

O amor é a única força que pode transformar a nossa vida e o mundo em que vivemos. O poder do amor é a capacidade de oferecer a vida em favor do outro. É diferente do amor ao poder, que, ao contrário, procura usar e controlar o outro.

Em um mundo marcado pelo amor ao poder, Jesus Cristo nos conta essa pequena história para transmitir uma grande mensagem. Só pode fazer frente ao mal que está em nós e no mundo um poder ainda maior, o poder do amor. Um amor cheio de compaixão e perdão.

A eternidade já começou para aqueles que amam.

Parte III: Jerusalém

O templo no coração da cidade

NA ANTIGUIDADE, Jerusalém era um lugar ermo, distante das grandes rotas de comércio, desértico, sem importância estratégica ou riquezas que pudessem atrair a cobiça de conquistadores. E, no entanto, esteve sempre no centro das atenções e das tensões do mundo inteiro. A história de Jerusalém é, na verdade, a história da humanidade. Berço das três grandes religiões monoteístas — judaísmo, cristianismo e islamismo —, situa-se na fronteira do mais antigo e encarniçado choque de civilizações. E, curiosamente, também na confluência de duas placas tectônicas continentais, responsáveis por terremotos que, de tempos em tempos, devastam a paisagem. É inacreditável a quantidade de sangue que jorrou em suas ruas, cenário de um roteiro impressionante de guerras, catástrofes e sofrimento ao longo de muitos milênios. Citada mais de oitocentas vezes nas Escrituras, ocupa um lugar mítico e, de certa forma, perturbador na história das religiões.

Por volta do ano 520 a.C., o profeta Zacarias falava de Jerusalém como um "cálice de atordoamento para todos os povos":

"Eis que eu farei de Jerusalém um cálice de tontear para todos os povos em redor e também para Judá, durante o sítio contra Jerusalém. Naquele dia, farei de Jerusalém uma pedra pesada para todos os povos; todos os que a erguerem se ferirão gravemente; e, contra ela, se ajuntarão todas as nações da terra." (Zc 12,2-3). Foi assim no passado e assim permanece até hoje. Nesse local de sensações conflitantes, turistas e peregrinos, em geral, chegam imbuídos de expectativas que muitas vezes são frustradas.

Quem vai em busca da cidade santa, da paz e da esperança fica logo chocado ao observar o clima de tensão reinante no ar. Um acidente de trânsito dos mais banais pode ser motivo de trocas de insultos, pedradas e outros confrontos mais graves. Passageiros são obrigados a descer de trens e metrôs a qualquer hora do dia ou da noite para que a polícia investigue suspeitas de bombas. Quem chega à procura de uma revelação espiritual ou de algum significado especial nos lugares sagrados decepciona-se ao ver que igrejas e templos são alvos de disputas mesquinhas e ridículas entre as diversas denominações religiosas. Na igreja do Santo Sapulcro, situada ao final da caótica Via Dolorosa, os espaços são fatiados entre católicos romanos, gregos, armênios, sírios, etíopes e egípcios. Cada um manda (e ganha dinheiro) no seu pedaço. As rivalidades ali são tão profundas e antigas que padres de diferentes igrejas cristãs já chegaram a trocar socos e pontapés diante de visitantes escandalizados. Atores mais recentes na história do cristianismo, como protestantes e anglicanos, estão confinados em uma área isolada e distante da cidade antiga, o chamado Jardim da

Tumba, que compete com a igreja do Santo Sepulcro como o suposto local da crucificação e do sepultamento de Jesus.

Do ponto de vista turístico, não se pode dizer que seja uma cidade especialmente encantadora. A cor amarelo-ferrugem das pedras em seus edifícios é sempre bonita à luz do sol poente, mas também lhe dá um ar de mesmice e monotonia. Dentro das muralhas, as ruas estreitas e mal sinalizadas lhe conferem um aspecto de labirinto e produzem certa claustrofobia em pessoas com dificuldade de localização. Inútil recorrer à ajuda de mapas ou aparelhos com GPS. Algumas áreas têm um ar de decadência e abandono. Nos bairros mais comerciais, o comportamento invasivo dos vendedores torna-se insuportável depois de algum tempo. Fora dos muros, a arquitetura é banal e o trânsito, nervoso e congestionado como em qualquer metrópole. As fontes de água são escassas. Há poucos jardins e áreas verdes. Além dos limites urbanos, a paisagem sem graça é dominada por escarpas desérticas e pedregosas.

Em Jerusalém tudo é muito incerto e controvertido do ponto de vista histórico, turístico ou racional. Verdades sólidas e profundas convivem, lado a lado, com práticas que beiram o charlatanismo. Alvo de disputas passionais que remontam a milhares de anos, é um lugar onde mitos, superstições e crenças são tão ou mais importantes do que verdades históricas e fatos reais. E ainda assim é uma cidade fascinante. Nenhum outro local do mundo atrai tanto a imaginação das pessoas. Resumo de todas as ansiedades e contradições humanas, é a única cidade do planeta que tem uma dimensão física e outra espiritual — a Jerusalém geográfica, atulhada de turistas e problemas, e a Jerusalém eterna e celestial, descrita no livro do Apocalipse e nos textos de Santo Agostinho.

No coração da cidade antiga está o monte do Templo, que judeus, muçulmanos e cristãos reconhecem como o local do sacrifício de Abraão. Pela tradição rabínica judaica, teria sido a partir do monte do Templo que o mundo se expandiu até sua forma atual. Da sua poeira Deus criou o primeiro ser humano, Adão. Foi também o lugar escolhido pela Providência Divina para habitar entre os homens, razão pela qual o povo hebreu construiu ali o seu templo. Dele resta hoje apenas parte do alicerce, conhecido como o Muro das Lamentações (ou Muro Ocidental), onde milhares de fiéis se reúnem todos os dias para orar. Segundo algumas profecias judaicas, um dia, no futuro, um terceiro templo deverá ser construído e aí virá o fim do mundo. Para os muçulmanos, o lugar é sagrado porque dali Maomé teria ascendido aos céus, depois de uma jornada noturna de Meca, na atual Arábia Saudita, até Jerusalém. Para celebrar esse importante evento, foi construída no século VII a mesquita de Omar, também conhecida como o Templo da Rocha, belíssimo edifício de paredes decoradas com motivos florais e cúpula dourada que hoje aparece em todo cartão-postal de Jerusalém. Para os cristãos, por fim, Jerusalém é o local da morte e da ressurreição de Jesus Cristo.

No tempo de Jesus, Jerusalém era, como hoje, o centro político e religioso de Israel. Era também o lugar que conferia identidade a um povo que não só vivia oprimido sob o domínio romano, como também estava disperso por diversas regiões do Mediterrâneo e da Ásia desde os tempos do exílio na Babilônia. Havia judeus em lugares tão distantes como a Pérsia, a Síria, o Líbano, o Egito e a Grécia. E pelo menos uma vez por ano todos esses grupos distantes e relativamente isolados se encontravam no Templo de Jerusalém, durante as diferentes festas religiosas, em especial a Páscoa judaica. Estima-se que 70 mil pessoas viviam na cidade, mas o número poderia mais do que triplicar nessas celebrações devido aos peregrinos que traziam as oferendas (ou o dinheiro para comprá-las) a serem apresentadas como sacrifício no Templo de Herodes.

Quem chegasse a Jerusalém 2 mil anos atrás para as festas judaicas ficaria impressionado com toda essa movimentação. Vindo do leste, por sobre o monte das Oliveiras (rota comum dos viajantes da Síria, da Galileia e dos territórios além do rio Jordão), veria logo a espessa coluna de fumaça que emanava do templo, cujas imponentes muralhas cobriam toda a paisagem do outro lado do vale do Cedron. Dependendo da direção do vento, sentiria também, à grande distância, o odor da carne queimada dos milhares de animais ali sacrificados. No dia da inauguração do templo, o rei Herodes havia mandado sacrificar trezentos bois. O general romano Marcus Agrippa, que visitou o local algum tempo depois, ordenou o sacrifício de outros cem bois, em sinal de respeito ao Deus de Israel e a Herodes, seu aliado. Durante os feriados da Páscoa, estima-se que a quantidade de animais mortos e queimados chegassem a 250 mil. Imagine a fumaça, o cheiro de carne e gordura queimadas e a quantidade de sangue que escorria pelos dutos e túneis em direção às valas situadas mais abaixo.

A arquitetura do Templo de Herodes era a maravilha das maravilhas. Erguido em uma esplanada sobre o monte Moriá, media 223 metros de cada lado, o que lhe dava uma área total de quase 50 mil metros quadrados, cerca de sete vezes o tamanho de um campo de futebol. Os forros, móveis e ornamentos eram feitos com cedro-do-líbano, considerado a madeira mais nobre da época. Florestas inteiras tinham sido varridas do mapa para sua construção. O teto era recoberto de placas de metal dourado, que resplandeciam sob os raios do sol. Colunas, paredes e muralhas eram compostas de milhares de imensos blocos de pedra calcária, assentados com tal precisão que seria impossível enfiar a lâmina de uma espada entre eles. Um desses blocos pode ser visto ainda hoje entre as ruínas do templo: tem quinze metros de comprimento por quatro metros de altura e pesa mais de seiscentas toneladas. Tudo isso fora transportado montanha acima em enormes plataformas deslizantes sobre toras de madeira ou cilindros de granito tracionados por escravos e animais.

A sudoeste, a trinta metros de altura e debruçado sobre o vale do Cedron ficava o pináculo, para onde, segundo os Evangelhos, Jesus foi transportado pelo demônio, que lhe disse: "Se tu és o Filho de Deus, lança-te daqui abaixo" (Mt 4,5-6). Internamente, o templo dividia-se em vários pátios, acessíveis, respectivamente, aos gentios, às mulheres e aos homens israelitas e aos sacerdotes.

O coração de todo esse complexo arquitetônico era o Santo dos Santos, o recinto sagrado habitado pelo Espírito de Deus e onde só o sumo sacerdote podia entrar uma vez por ano, no Dia da Expiação, quando os pecados do povo seriam perdoados. Antes da destruição do primeiro templo pelas tropas de Nabucodonosor, ali ficava guardada a Arca da Aliança, com os Dez Mandamentos. No segundo templo, como a Arca houvesse desaparecido, em seu lugar havia uma laje de pedra, sobre a qual o sumo sacerdote aspergia sangue dos sacrifícios nesse dia especial.

Na conquista de Jerusalém pelos romanos, no ano 63 a.C., o general Pompeu Magno — um homem descrito como sanguinário e impiedoso — entrou com suas armas e seu uniforme militar no Santo dos Santos, uma imperdoável blasfêmia para os judeus. Queria ver o que tinha lá dentro. Surpreendeu-se ao perceber que, além da laje de pedra, não havia quase nada. Era um imenso espaço vazio e silencioso, equipado apenas com uma pequena mesa e um candelabro em ouro maciço. A entrada desse lugar misterioso era protegida somente por uma delicada peça de tecido também bordada a ouro — o véu que, segundo os Evangelhos, se romperia de alto a baixo no momento do último suspiro de Jesus no Calvário. Tocado pela experiência, Pompeu preferiu não saquear o tesouro do templo, contrariando uma regra inflexível dos conquistadores.

Foi dentro e ao redor desse templo que Jesus realizou seus últimos milagres e pregações, antes de ser morto e crucificado — e ressuscitar ao terceiro dia. São esses os temas das meditações a seguir.

Meditações sobre Jesus em Jerusalém

A expulsão dos vendilhões do templo
Evangelho segundo São João 2,13-22

Estando próxima a Páscoa dos judeus, Jesus subiu para Jerusalém. E encontrou no templo os que vendiam bois, ovelhas e pombas e também os cambistas ali assentados; tendo feito um azorrague de cordas, expulsou todos do templo, bem como as ovelhas e os bois, e derramou pelo chão o dinheiro dos cambistas, virou as mesas e disse aos que vendiam as pombas: Tirai daqui estas coisas; não façais da casa de meu Pai casa de negócio. Lembraram-se os seus discípulos de que está escrito: O zelo da tua casa me consumirá. Perguntaram-lhe, pois, os judeus: Que sinal nos mostras, para fazeres estas coisas? Jesus lhes respondeu: Destruí este santuário, e em três dias o reconstruirei. Replicaram os judeus: Em quarenta e seis anos foi edificado este santuário, e tu, em três dias, o levantarás? Ele, porém, se referia ao santuário do seu corpo. Quando, pois, Jesus ressuscitou dentre os mortos, lembraram-se os seus discípulos de que ele dissera isto; e creram na Escritura e na palavra de Jesus.

Um confronto com o mercado da fé

TODOS OS ANOS OS JUDEUS celebram sua grande festa da libertação do cativeiro egípcio, a Páscoa, ou Pessach, em hebraico, que quer dizer "Passagem". Esta é primeira visita de Jesus Cristo adulto a Jerusalém e também o seu primeiro ato público. Acontece logo depois de seu primeiro milagre na aldeia de Caná, na Galileia, na festa de casamento.

Agora Ele está na capital, Jerusalém, repleta de peregrinos por ocasião da festa, e diante das autoridades civis, militares e religiosas. Era um tempo de opressão política exercida pela ocupação romana, de grande crise econômica e de muita injustiça social. Entretanto, Jesus se dirige ao Templo, não ao palácio de Herodes ou à fortaleza Antonia, o quartel-general romano.

O enfrentamento com os mercadores da religião no Templo acontece duas vezes, sempre por ocasião da Páscoa, na primeira e na última visita de Jesus a Jerusalém. Nesses dois momentos, Jesus se irrita com o comércio religioso e expulsa os mercadores da fé.

Cristo não está alheio ou indiferente às questões familiares, sociais, políticas e econômicas, mas, ao escolher ir ao Templo, Ele nos lembra que a dimensão espiritual do homem antecede todas as outras. Se quisermos mudanças, precisamos começar com o enfrentamento do mal que está em nós. Este é o Seu desejo: purificar a nossa vida. Ele sabe que só alguém transformado pode ser instrumento de mudanças na nossa sociedade.

Ele vai ao Templo e encontra ali uma religião distorcida, equivocada. O culto judaico incluía o sacrifício de animais e a Lei determinava o seu porte de acordo com a capacidade econômica de cada um. Os sacerdotes vendiam caro as concessões para os comerciantes se instalarem ao redor do Templo. Determinavam que só animais comprados pelos credenciados poderiam ser aceitos, e eles custavam muito mais caro. Por outro lado, os comerciantes só vendiam com a moeda local, logo todos deviam antes passar por cambistas, também credenciados, cujo ágio era bem alto. E Jesus, diante daquele quadro, diz: "Não façais da casa do meu Pai uma casa de negócio".

A destruição de Jerusalém pelos romanos em 70 d.C. praticamente eliminou da paisagem todos os traços do antigo e suntuoso Templo de Herodes. A única exceção é o chamado Muro das Lamentações, que consiste em parte do alicerce do antigo edifício. A esplanada sobre o monte Moriá, onde antes havia o templo, é hoje um território controlado pelos muçulmanos. Ali estão dois edifícios dos mais sagrados do islã em todo o mundo: as mesquitas de Al-Aqsa e de Omar, também conhecida como Templo ou Domo da Rocha. Inaugurada em 691 d.C., a mesquita de Omar impressiona pela cúpula dourada e pelas proporções geométricas perfeitas. Foi o primeiro grande santuário construído pelo islã. No seu interior, hoje fechado aos turistas, está a rocha com duplo significado: para as três religiões monoteístas é o local do sacrifício de Abraão e onde antigamente situava-se o Santo dos Santos, no coração do Templo de Jerusalém; para os muçulmanos é também o lugar de onde Maomé ascendeu aos céus.

A indignação de Jesus Cristo se dirige a uma religião cujo objetivo é o dinheiro e que se tornara um negócio lucrativo. Ao se afastar da dimensão espiritual e transcendente, a fé se transforma em mercadoria e Deus, em produto. Não há mais lugar para a santidade, o compromisso, o sacrifício, a renúncia, a integridade, o amor ao próximo; ao contrário, o importante é a produtividade, o desempenho, o faturamento, o profissionalismo, as estratégias de marketing, ou seja, como arrecadar mais. A cena que vem a seguir nos choca. Jesus age como se estivesse fora de si, algo inusitado ao se tratar de Cristo, a quem associamos docilidade, mansidão e paciência. O Templo foi profanado, o lugar santo e sagrado onde Deus é cultuado se tornou um mercado, um negócio, um abrigo de comerciantes desonestos. Muitas vezes associamos a ira de Deus com não religiosos, porém aqui a sua fúria se manifesta contra aqueles que se consideram escolhidos, mas enriquecem usando Seu nome.

A ira de Jesus nesse caso não é uma explosão de violência, mas uma profunda indignação em face do mal. Nesse sentido, a raiva pode ser uma virtude, que se manifesta diante de situações que profanam o sagrado, ou de extrema maldade e perversidade. Muitas vezes perdemos a capacidade de nos indignar e nos tornamos resignados. Não enfrentamos o mal e a nossa complacência nos faz cúmplices. Jesus nos ensina como expressar a ira de forma adequada.

Primeiro, Ele faz um chicote com cordas, que usa para expulsar os bois do local. Em seguida, derruba as mesas dos cambistas com as mãos e ordena: tirai estas pombas. É um uso adequado da força, agir energicamente, mas sem violência, sem destruir. Ele não brande o chicote contra os cambistas, mas contra os animais de grande porte. Ele não derruba as mesas com as gaiolas, mas simplesmente ordena que sejam retiradas. Que o exemplo de Jesus nos ensine a nos indignar contra o mal, expressar nossa ira e agir com coragem e determinação contra a profanação e a injustiça, mas de forma adequada, não violenta, sem machucar ninguém, sem destruir nada.

A religião e o dinheiro andam juntos ao longo da história. Muitas vezes se confundem, e a pompa, a riqueza e a conquista do poder se tornam símbolos do sagrado. Jesus nos esclarece quando diz: "Nenhum servo pode servir a dois senhores; pois odiará um e amará outro, ou se dedicará a um e desprezará o outro. Vocês não podem servir a Deus e a Mamon" (Lc 16,13). Ele dá um nome próprio ao dinheiro: *Mamon*, palavra em aramaico que quer dizer "riqueza" ou "lucro". Trata-se de uma potestade, de um poder que compete com Deus e que desaparecerá com a restauração de todas as coisas no fim dos tempos. Com essa afirmação, Jesus Cristo nos revela algo excepcional, que o dinheiro pretende ser um poder divino. Assim, não se trata apenas de um assunto material, moral ou econômico, mas também de algo que apresenta uma dimensão espiritual.

Deus e *Mamon* se opõem. Como potestade, o dinheiro pode se assenhorear do coração do homem, estabelecendo com ele uma relação de senhor e servo. Engana-se, portanto, o homem que acha que possui o dinheiro; na realidade, é o dinheiro que o possui.

Mamon compete com Deus porque acena com a perspectiva de alegria, felicidade, segurança, realização, estabilidade, bem-estar, prosperidade, fama e liberdade. Mas não entrega o que promete; ao contrário, nos faz infelizes, insatisfeitos, endividados, egoístas, desconfiados, consumistas, sem amigos e insensíveis ao drama humano da miséria e da pobreza. Uma potestade que enfatiza o ter, impedindo-nos de viver com ideais elevados, valores éticos, de ver a nobreza das causas, de sonhar com um mundo melhor e ser ativos na promoção do bem comum. No mundo tudo está à venda e tudo tem seu preço. O dinheiro promete comprar tudo: a integridade e o caráter, a vida humana e, no mercado da fé, até mesmo o bom relacionamento com Deus. Vivemos neste início de século um momento de grande vazio existencial e ideológico. Há pouca esperança neste mundo sem alternativas econômicas justas e sem perspectivas políticas consistentes. Cenas traumáticas de ódio e violência nos noticiários fazem crescer em nós os sentimentos de incerteza e insegurança.

A ganância desmedida, a acumulação, o lucro a qualquer custo, sem visão social e ecológica, sem partilha, geram corrupção, injustiça e conflito, mas também inveja e ódio entre irmãos, violência e guerra.

Nossa geração vive nesse quadro social caracterizado pelo vazio existencial e espiritual, pela falência dos sonhos e utopias, pelas privações materiais e pela ausência de parâmetros e valores éticos e morais na família, no Estado, na ciência e nos negócios.

Atônitas com o vazio existencial do mundo contemporâneo, muitas pessoas se voltam para a religião como uma resposta, um alívio, uma cura para seus males. O problema é que também existem armadilhas nesse caminho. Surge, então, um supermercado da fé com suas prateleiras repletas de produtos de antigas e novas religiões ocidentais e orientais.

Vivemos um despertar religioso caracterizado pelas leis do mercado, pela competição e pela esperteza. Ganha o seguidor fiel quem tem a melhor estratégia de marketing, quem apresenta o melhor produto, quem presta o melhor serviço. O resultado da religião de mercado é um crescimento vertiginoso do número de fiéis, mas também uma crise de credibilidade e profundidade espiritual sem precedentes daqueles que se dizem seguidores de Jesus Cristo. Em meio a uma sociedade materialista e consumista, Deus nos oferece outra lógica, a da graça, da gratuidade, da generosidade, da simplicidade, da libertação do dinheiro e do consumo, em que nosso valor está no *ser* e não no *fazer* e no *ter*. E nos conduz às verdadeiras felicidade, segurança e liberdade, que não estão no dinheiro, mas num coração que encontra em Deus uma suficiência e um contentamento superiores a tudo que a vida oferece.

Ao expulsar os mercadores do Templo, Jesus expressa também o desejo de expulsar o espírito mercador que está no nosso coração, que pauta nossas ações com interesse e ganância. Percebemos que estamos presos na lógica de *Mamon* quando nos tornamos egoístas, interesseiros, consumistas, acumuladores, mas principalmente quando trocamos nossa integridade por dinheiro. Nosso ser preso à preocupação com *Mamon* precisa de purificação. É através da generosidade, da honestidade e da repartição das riquezas que nos tornamos livres do poder do dinheiro.

Mas o que pensar da nossa relação com Deus? Terei eu um coração mercador, cujo interesse Nele está ligado aos benefícios materiais a serem auferidos? Jesus diz: a casa de meu Pai não é um mercado, mas uma casa de oração. A casa do Pai é o nosso próprio coração. Ele vem a nós e o acolhemos no profundo da nossa alma, não para usá-lo em nosso benefício, mas para amá-lo e com ele construir um relacionamento de afeto e intimidade.

Uma fé verdadeira gera homens e mulheres que têm a coragem de olhar para dentro de seu coração e confessar suas mazelas, seus desejos de poder e riqueza, para se tornar íntegros, desapegados do conforto e do supérfluo, desinteressados nos seus relacionamentos, generosos e misericordiosos com os pobres.

Os discípulos de Jesus Cristo sabem que o amor de Deus é o maior bem que um homem ou uma mulher pode possuir.

O tanque de Betesda
Evangelho segundo São João 5,1-18

Passadas estas coisas, havia uma festa dos judeus, e Jesus subiu para Jerusalém. Ora, existe ali, junto à Porta das Ovelhas, um tanque, chamado em hebraico Betesda, o qual tem cinco pavilhões. Nestes jazia uma multidão de enfermos, coxos, paralíticos esperando que se movesse a água. Porquanto um anjo descia em certo tempo, agitando-a; e o primeiro que entrava no tanque, uma vez agitada a água, sarava de qualquer doença que tivesse. Estava ali um homem enfermo havia trinta e oito anos. Jesus, vendo-o deitado e sabendo que estava assim havia muito tempo, perguntou-lhe: Queres ser curado? Respondeu-lhe o enfermo: Senhor, não tenho ninguém que me ponha no tanque, quando a água é agitada; pois, enquanto eu vou, desce outro antes de mim. Então lhe disse Jesus: Levanta-te, toma o teu leito e anda. Imediatamente o homem se viu curado e, tomando o leito, pôs-se a andar. E aquele dia era sábado. Por isso disseram os judeus ao que fora curado: Hoje é sábado e não te é lícito carregar o leito. Ao que ele lhes respondeu: O mesmo que me curou me disse: Toma o teu leito e anda. Perguntaram-lhe eles: Quem é o homem que te disse: Toma o teu leito e anda? Mas o que fora curado não sabia quem era; porque Jesus se havia retirado, por haver muita gente naquele lugar. Mais tarde, Jesus o encontrou no templo e lhe disse: Olha que já estás curado, não peques mais para que não te suceda coisa pior. O homem retirou-se e disse aos judeus que fora Jesus que o havia curado. E os judeus perseguiam Jesus, porque fazia estas coisas no sábado. Mas ele lhes disse: Meu Pai trabalha até agora, e eu trabalho também. Por isso, pois, os judeus ainda mais procuravam matá-lo, porque não somente violava o sábado, mas também dizia que Deus era seu próprio Pai, fazendo-se igual a Deus.

Um sábado entre os pobres e os doentes

Nessa passagem dos Evangelhos, Jesus está em Jerusalém para mais uma das festas judaicas, não sabemos qual. Certamente ele passa pelo majestoso templo construído por Herodes. Não longe dali, descendo as escadarias pela Porta das Ovelhas, está o tanque de Betesda, palavra do aramaico que quer dizer "Casa da Misericórdia". É para lá que Jesus se dirige.

O lugar, que era um reservatório, havia se convertido num centro de milagres e estava sempre repleto de doentes à espera de um poder sobrenatural que os curasse. O que só acontecia, segundo a tradição, aos que se banhavam no momento que um anjo passava e agitava as águas.

O texto bíblico fala de cinco pavilhões repletos de cegos, paralíticos e doentes desenganados. Podemos imaginar um lugar de muito sofrimento, desagradável aos olhos e mal cheiroso. O sábado é o dia do descanso, dos passeios, do lazer, para ser desfrutado prazerosamente. Para os judeus piedosos da época, havia regras rígidas de como viver esse dia sagrado. Ao sair do Templo em direção ao tanque de Betesda, Jesus contraria as regras judaicas, porque vai usar esse dia para visitar e curar doentes miseráveis.

Vai em direção oposta ao que nós fazemos hoje. Preferimos gastar nosso tempo livre no shopping ou com qualquer outro lazer. Ignoramos meninos fumando crack, bêbados maltrapilhos, meninas se prostituindo e portadores do HIV.

Confinamos os doentes miseráveis em pavilhões e guetos fora do alcance dos nossos olhos.

Jesus, num sábado, vai para Betesda enquanto os fariseus se reúnem no templo. Vai para onde mais dói, para o cenário mais sofrido da experiência humana. E, na multidão dos necessitados, Jesus vê um paralítico. Alguém que representa uma realidade desesperadora da experiência humana. Talvez o mais necessitado de todos. Paralítico, pobre e solitário. Excluído por 38 anos. Um doente anônimo, que nunca conseguiu nada, família, trabalho, amigos, casa, nenhuma dignidade. Ele pergunta ao paralítico: "Queres ser curado?". Parece uma pergunta de resposta bastante óbvia, que chega a soar como provocação ou ofensa. Deus vem ao nosso encontro não com uma resposta, mas com uma pergunta: "Queres ser curado?". Ele nos questiona: Queres ser salvo? Queres ser restaurado? Queres uma vida nova? Queres ser liberto?

Essas são perguntas importantes, pois há pessoas que desenvolvem mecanismos de autodestruição, aos quais se apegam. Vitimizam-se e acomodam-se na dor, culpam os outros e abandonam o desejo de mudar e de buscar a felicidade. Nada parece capaz de desviá-las de sua rota autodestrutiva. É o que o paralítico faz ao responder. Responsabiliza os outros pelo seu estado miserável: "Senhor, não tenho quem me ponha no tanque quando a agua é agitada". Doente e só, impotente, sem ninguém para ajudar.

Algumas vezes, nós também nos sentimos assim, paralisados ante uma situação aflitiva, sem vontade, desejo e compromisso para uma mudança, para sair do desânimo, da sensação de abandono e impotência, e sem ninguém para nos ajudar. Resignados e à espera de um milagre.

É nessa hora que Jesus Cristo olha para nós e percebe nossa situação desesperadora. Então Ele pergunta: "Queres ser curado?", e nos obriga a olhar para dentro de nós mesmos e confessar que nossos desejos de vida mais profundos estão anestesiados pela acomodação, sem forças para reagir. Jesus quer despertar a consciência de nossas paralisias e mobilizar o nosso desejo de cura, de perdão, de mudança, de vida nova, de superação.

Sim, é possível que tenhamos desistido de nossos desejos mais puros e mais saudáveis e nos acostumado a uma vida medíocre, paralisados para amar, empreender, enfrentar, criar, servir, enfim, viver. Há tanta gente talentosa que não desenvolveu seu potencial. Tanta gente com recursos que não amadureceu. Tanta gente que vive pela metade. Tanta gente reclamando e sem forças para agir e buscar ajuda e solução. Tão perto e tão longe da vida.

Ao perguntar "Queres ser curado?", Jesus escancara o drama daquele homem e aponta para a esperança. E sua postura nos revela quem Ele é: o Deus vivo que se compadece daqueles que sofrem e se sentem impotentes. Ele não quer apenas realizar um milagre, mas também despertar em nós o desejo de sermos curados e ajudados, e assim construir uma relação pessoal.

Depois de ouvir a justificativa do paralítico, Jesus diz: "Levanta-te, toma o teu leito e anda". É um momento dramático. "Levanta-te e anda" significa: pare de culpar os outros e assuma a responsabilidade por tua dor. Diante da ordem de Jesus, o paralítico imediatamente anda. A cura vem pela obediência à ordem de Deus. Nós queremos a cura sem obediência, sem fé, sem compromisso. E muitas vezes escolhemos permanecer paralisados. Há muitas redes de apoio e assistência para gente assim. Contentamo-nos com pouco, não precisamos sair do pavilhão dos sofredores e enfrentar a vida lá fora, onde teremos que batalhar, assumir riscos e andar com nossas próprias pernas.

Algumas vezes na vida eu também me vi amedrontado, acuado, paralisado, sem forças para reagir, desanimado diante das dificuldades da vida, com o desejo de abandonar tudo e me refugiar na dor e na resignação. E ouvi uma voz que me dizia: "Queres ser curado?". Então tive que olhar para dentro do meu coração, encontrar ali potenciais adormecidos e, sob a ordem de Jesus Cristo, levantar, reagir, assumir responsabilidades e ir à luta.

Como entender a ordem de Jesus de levar o colchão? Imaginem o aspecto e o cheiro desse colchão. É tudo o que não gostaríamos de carregar, um símbolo de nosso passado doloroso. Mas ali estava a história desse homem. Doravante, não mais uma história de derrota, mas de vitória. Não mais um símbolo de sua paralisia, mas um de sua mobilidade e capacidade de carregar suas cargas.

O homem levanta e anda. Ele obedece e é curado. Jesus se importa conosco, mesmo abandonados no meio da multidão, e tem autoridade para despertar em nós o desejo de viver e caminhar. Porém, Jesus não quer só curar, quer também confrontar a religião legalista, rígida, controladora. Em algum lugar na vastidão da lei e dos regulamentos judaicos estava escrito: "É proibido carregar cargas no sábado", o que inclui colchões. Isso não se faz, é contra a religião. E Jesus diz: "Toma o teu leito e anda".

O homem obedece e sai carregando seu colchão. Não vai muito longe e é interpelado: "Hoje é sábado e não te é licito carregar o leito". A religião oficial do Templo de Jerusalém o ignorou por 38 anos, mas no momento em que ele é curado e tem contato com Jesus, essa mesma religião oficial, burocrática e legalista, o encontra, o interpela e o censura.

Enquanto o necessitado esteve no pavilhão, a lei, a tradição, a religião, os guardiões do Templo não o enxergaram. Ali, foi ignorado pelos guardiões do Templo. Só o percebem quando ele anda pelas ruas, tocado pela misericórdia divina. É contra eles que Jesus se rebela ao promover uma cura tão extraordinária em um sábado. Os guardiões da fé não têm mais palavra de esperança para o mundo caído. Em vez de promover a vida, estão somente interessados em si mesmos, no status quo e em reprimir quem transgride suas tradições e suas leis.

O homem, ao ser interpelado pelos guardiões da lei, nem sequer sabia quem era Jesus. Limita-se a responder: "O mesmo homem que me curou me disse: Toma o teu leito e anda". E os religiosos insistem: "Quem é o homem?". Em outras palavras, quem é esse criador de casos? "Eu não sei", parece dizer ele. Jesus faz um milagre e evita os holofotes, a multidão e o marketing sensacionalista. Cura anonimamente e ordena que o homem faça algo contrário à religião oficial. Não aproveita a ocasião para pregar um sermão, curar outras pessoas, tirar uma oferta ou exibir sua autoridade espiritual. É assim que Ele nos convida a seguir seus passos, ajudando e acolhendo o próximo em seu sofrimento. Faz o bem sem chamar a atenção, no anonimato. Temos de aprender a lidar com o nosso desejo de reconhecimento e afirmação. Caso contrário, tornamo-nos também guardiões da religião oficial e servimos ao próximo com o desejo de sermos notados e elogiados. E a fé que pregamos se torna um mero conjunto de dogmas e normas que servem para controlar e reprimir. Há uma diferença enorme entre os seguidores de Jesus Cristo e os guardiões do templo. Os primeiros promovem a vida e a saúde sem alarde, os outros são ciosos em manter a ordem na instituição e coibir quem pensa diferente.

A religião se encarrega de proibir que os fiéis se misturem com os que não rezam por sua cartilha, obriga-os a permanecer no templo no dia sagrado em vez de visitar pavilhões de miseráveis, e veta a entrada de maltrapilhos e pobres nas suas cerimônias. Ali surgem os regimentos internos, as normas, a lei e, consequentemente, a polícia religiosa, o controle através de ameaças, repressão e julgamentos, e as exclusões sumárias.

Jesus veio para libertar o ser humano do jugo religioso e conduzi-lo ao caminho da liberdade. Somos discípulos de Jesus e O seguimos para fazer, anonimamente, o bem aos que sofrem nos pavilhões de Betesda? Ou somos religiosos do templo, impondo, para nós e para os outros, leis rígidas, ignorando os miseráveis e os pecadores, policiando, julgando e excluindo?

Mais tarde, naquele mesmo dia, Jesus encontra o homem carregando seu leito embaixo do braço. Ele já poderia ter se livrado daquele colchão, principalmente depois do encontro com os fariseus, mas continua obedecendo à ordem. Ocorre que Jesus ainda não terminou o seu processo de cura por etapas. O homem foi curado fisicamente, agora vai ser curado espiritualmente. Jesus lhe diz: "Não peques mais para que não te suceda coisa pior". O pior que pode acontecer a um homem é perder a sua alma, é se render ao mal, recusar a salvação e viver no pecado. É essa dinâmica malsã no coração do homem que o leva a pensar e agir destrutivamente.

Ao dizer isso, depois de curar o paralítico, Jesus se revela como Aquele que deseja a sanidade física, emocional e espiritual do homem. E o faz de forma simples e concreta. De manhã, ao dizer "Toma o teu leito e anda", Ele o cura fisicamente. Naquela mesma tarde Ele diz "não peques mais" e o cura espiritualmente.

Num sábado em Betesda, Jesus encontra o paralítico, solitário, esquecido, sem perspectiva. O mais desgraçado dos desgraçados. Se há esperança e restauração para ele, então há também para todos os que estão no mais profundo abismo do desespero e da dor. E nós somos portadores desse recado de Jesus Cristo. Somos chamados a ser o sinal de esperança nos pavilhões de Betesda espalhados pela cidade, pelo país e pelo mundo.

Vivemos um tempo conturbado e sectário, de novos e antigos fundamentalismos que suscitam o ódio e a violência entre as religiões e os povos. Não somente os cristãos, mas todos os homens de bem têm um claro chamado a serem pacificadores e cheios de compaixão por aqueles que são discriminados ou vítimas da maldade social, econômica, política e religiosa.

Jesus Cristo nos ensina com Seu exemplo de vida que Deus está ao lado dos pobres, dos doentes e dos excluídos, e nos convida a sair de nossa zona de conforto e andar com Ele pelos tanques de Betesda dos nossos dias. E assim, nos convida a, movidos por compaixão, atravessar corajosamente o abismo que existe entre os que podem ajudar e os que precisam de ajuda.

Na festa dos Tabernáculos
Evangelho segundo São João 7,37-39

No último dia, o grande dia da festa, levantou-se Jesus e exclamou: Se alguém tem sede, venha a mim e beba. Quem crer em mim, como diz a Escritura, do seu interior fluirão rios de água viva. Isto ele disse com respeito ao Espírito que haviam de receber os que nele cressem; pois o Espírito até aquele momento não fora dado, porque Jesus ainda não havia sido glorificado.

Uma fonte eterna jorrando em nosso coração

A FESTA DA COLHEITA é uma das celebrações anuais de Israel e lembra a peregrinação do povo pelo deserto e o sustento do Senhor durante a fuga do Egito. Durante essa festa, as pessoas são chamadas a celebrar em tendas ou cabanas, nas quais vivem por oito dias. É uma lembrança da presença do Senhor na fragilidade e no desconforto, nos deslocamentos incertos e perigosos, de como Deus os guardou durante quarenta anos no deserto e como o povo judeu sobreviveu a tantos impérios, perseguições e guerras.

Ainda hoje é uma grande festa, com banquetes e danças por todo o país. Na época de Jesus, incluía uma peregrinação a Jerusalém, onde o templo era iluminado à noite com tochas. Os peregrinos traziam suas ofertas, as primícias, os primeiros frutos da colheita. Uma festa no final do verão, entre setembro e outubro, quando todos esperavam as chuvas.

No Evangelho de João, lê-se que, na Galileia, Jesus recusa o convite de seus discípulos e amigos para participar da festa em Jerusalém. Eles partem, mas logo depois Jesus segue para lá anonimamente. Convém lembrar que, a essa altura dos acontecimentos, Jesus já é bastante conhecido e muitos o aguardam na cidade.

Há pessoas genuinamente interessadas em conhecê-Lo e ouvi-Lo, mas há também lideranças religiosas que temem Sua presença e planejam prendê-Lo. Jesus chega no meio da festa, provavelmente no quarto dia, e começa a ensinar no templo, causando reações adversas. Muitos reconheciam Sua autoridade espiritual e alguns O acusavam de blasfêmia.

A festa dos Tabernáculos é também uma lembrança do milagre de Moisés, que, no deserto, sob orientação de Deus, faz jorrar água da rocha. Na época de Jesus, um cortejo de cerca de 450 sacerdotes enchia de água jarras de prata na fonte de Siloé e trazia ao templo para derramar sobre o altar. Durante a procissão, os sacerdotes cantavam o Salmo 118, cujo versículo 14 diz: "O Senhor é a minha força e o meu cântico, porque ele me salvou".

Israel tem desertos e clima muito seco. Sabe-se ali da importância da água. Por isso, fontes, poços, chuvas e rios são temas e metáforas recorrentes na revelação bíblica. A água é um elemento importante para todas as culturas, ainda mais para povos que vivem em regiões áridas. Na água está a origem da vida e nisso concordam o Livro do Gênesis e a ciência. A vida vem do mar. Mas a água é também agente de fertilização, sem ela não há colheitas, não há alimentos. É ainda elemento de purificação, com ela tudo pode ser lavado.

Jesus, presente na festa, de pé, ensinando o povo nas sombras das grandes colunas do templo e observando. Ele, o Eterno, o Filho de Deus, Aquele que falou através da lei dada a Moisés, agora estava ali em pessoa, participando da celebração que Ele mesmo tinha instituído para a observação da Torá. Ele, que era o cumprimento de todas as promessas, o Messias prometido, Aquele que viveu entre nós, o Cordeiro Santo que tira o pecado do mundo.

No oitavo e último dia da festa, os sacerdotes já haviam derramado a água sobre o altar. E Jesus levanta sua voz e de pé clama para que todo o povo O ouça: "Quem crer em mim, como diz a Escritura, do seu interior fluirão rios de água viva". Ele se referia ao Espírito Santo, o qual aqueles que cressem em Jesus haveriam de receber. Ele se referia à promessa feita pela boca do profeta Isaías (Is 44,3).

Os rios de água viva fluindo do nosso interior são uma metáfora do Espírito Santo, cujo símbolo é a água. Já temos essa fonte jorrando em nosso coração, pois no coração de todo aquele que crê o Espírito de Deus faz morada. A água que flui é a presença do Espírito em nós, não por merecimento ou por sinais, mas pela fé. O Espírito nos convence do pecado, testifica que somos filhos amados de Deus, nos santifica com seu fruto e nos capacita ao serviço com seus dons.

Nada que vem de fora pode gerar vida, purificar e fertilizar. É a presença do Espírito em nosso coração que gera vida plena e frutífera. Gera em nós o fruto do arrependimento, da justiça e das boas obras. O fruto do Espírito Santo é amor, alegria e paz. Uma vida que irradia do interior de nosso coração. A verdadeira espiritualidade cristã é vivida através de uma presença, de uma força além de nós.

Se saciarmos nossa sede com dinheiro, fama, poder, consumo ou sucesso, continuaremos com sede e precisaremos de mais dinheiro, mais fama, mais poder, mais consumo ou mais sucesso. Mas se tivermos uma fonte a jorrar dentro de nosso coração, se nos saciarmos de Jesus Cristo, seremos completos e transbordaremos, a eternidade estará no nosso coração, viveremos aqui como peregrinos, mas com coragem, alegria e desprendimento.

Em Israel a água está presente em dois acidentes geográficos importantes: o mar da Galileia e o mar Morto. Eles nos ajudam a compreender o quão importante é deixar fluir, o quão importante é receber, mas também se abrir para dar. E o quão perigoso é reter, não dividir com ninguém.

O mar da Galileia recebe e depois libera a água do rio Jordão, que continua a fluir por muitos quilômetros em direção ao sul. Ao seu redor a terra é fértil. A fauna e a flora são exuberantes e suas águas, piscosas. Ele representa aqueles que abrem mão do controle e assim se abrem para amar.

O mar Morto não tem saída, represa toda sua água num lugar profundo e amargo. Ali não há vida, a terra é estéril, não há peixes. Ele representa todos os que se fecham para amar e escolhem reter e controlar, e assim se tornam estéreis e amargos.

Na festa dos Tabernáculos, Jesus Cristo grita esta mensagem para nós: "Quem crer em mim, como diz a Escritura, do seu interior fluirão rios de água viva". Assim Ele viveu: "O Espírito do Senhor está sobre mim, pelo que me ungiu para evangelizar aos pobres, enviou-me para proclamar libertação para os cativos, restauração da vista aos cegos e para pôr em liberdade os oprimidos" (Lc 4,18).

Rios de água viva fluindo significam que o melhor de nós deve ser repassado, multiplicado e dividido com os outros. Quando retemos, nos tornamos estéreis, sem vida. Os benefícios do Evangelho em nossa vida, nossos dons, nossos afetos, nossos recursos, nossos saberes, nosso tempo, precisam ser compartilhados. Isso nos torna gratos, generosos e confiantes. E a vida se torna plena, frutífera, abundante.

Todos nós, os que cremos, nos vemos diante desta dramática escolha de vida: abrir-nos para que o Espírito Santo flua em nós ou fechar-nos, não deixando o Espírito se manifestar. A escolha entre ser mar da Galileia ou mar Morto.

Maria de Betânia
Evangelho segundo São Marcos 14,1-9

Dali a dois dias, era a Páscoa e a Festa dos Pães Asmos; e os principais sacerdotes e os escribas procuravam como o prenderiam, à traição, e o matariam. Pois diziam: Não durante a festa, para que não haja tumulto entre o povo. Estando ele em Betânia, reclinado à mesa, em casa de Simão, o leproso, veio uma mulher trazendo um vaso de alabastro com preciosíssimo perfume de nardo puro; e, quebrando o alabastro, derramou o bálsamo sobre a cabeça de Jesus. Indignaram--se alguns entre si e diziam: Para que este desperdício de bálsamo? Porque este perfume poderia ser vendido por mais de trezentos denários e dar-se aos pobres. E murmuravam contra ela. Mas Jesus disse: Deixai-a; por que a molestais? Ela praticou boa ação para comigo. Porque os pobres, sempre os tendes convosco e, quando quiserdes, podeis fazer-lhes bem, mas a mim nem sempre me tendes. Ela fez o que pôde: antecipou-se a ungir-me para a sepultura. Em verdade vos digo: onde for pregado em todo o mundo o evangelho, será também contado o que ela fez, para memória sua.

O amor criativo de uma mulher

Betânia, do outro lado da colina de Jerusalém, era o local onde viviam os irmãos Marta, Maria e Lázaro, amigos íntimos de Jesus. A última vez que Ele estivera ali fora apenas algumas semanas antes, quando, à pedido de Marta, havia ressuscitado Lázaro. Desde então, mantivera-se distante de Jerusalém, pois àquela altura havia uma ordem expressa das autoridades judaicas para prendê-Lo.

A notícia da ressurreição de Lázaro havia repercutido em Jerusalém e a cidade, que já era perigosa para Jesus, se tornou ainda mais ameaçadora. Na semana da Páscoa, por conta da presença de grande número de peregrinos, os sacerdotes temiam as consequências da presença de Jesus. Por isso, estipularam uma recompensa para quem o denunciasse.

Quando Jesus chegou a Betânia, já havia um clima de tensão na casa de Seus amigos. Eles, que amavam Jesus, sabiam do perigo que corria. Ao acolhê-Lo, tentariam manter a visita em segredo, pois também se arriscavam abrigando alguém procurado pelas autoridades.

É com esse pano de fundo que tem início o jantar. O momento é significativo para Marta e Maria. Trata-se da primeira visita de Jesus depois da ressurreição de Lázaro e, com o jantar, elas querem expressar a sua gratidão.

Estamos diante de uma mesa com emoções ambivalentes: a alegria do encontro, mas também a apreensão e o medo. Todos sabem da firme disposição de Jesus de entrar em Jerusalém no dia seguinte e da grande probabilidade de Ele ser preso.

Estão reunidos na casa de Simão, mas é Marta, a mais velha, quem serve a ceia. Deveria ter criados, mas ela mesma o faz, discretamente. Porém Maria, a irmã mais nova e menos convencional, que sempre se portou com grande liberdade, agora fará algo que surpreenderá a todos.

Naquela cultura, ao receber hóspedes, era usual o anfitrião tomar providências para que os pés do visitante fossem lavados.

Depois de caminhar um dia inteiro de sandálias rústicas, em estradas precárias e sob forte calor, os pés estavam sujos e inchados. Geralmente era uma tarefa confiada aos empregados. Na ausência deles, os convidados lavariam seus próprios pés. Quando havia um visitante ilustre, o anfitrião também lhe oferecia óleo, pois a pele precisava ser hidratada naquela região de clima seco, desértico e de sol escaldante.

Maria faz essas duas gentilezas a Jesus, mas com criatividade e extravagância. Para ungir a cabeça de Jesus, ela utiliza um frasco de perfume muito caro, provavelmente vindo do Himalaia, como era costume na época. Com o dinheiro gasto nessa essência, uma família poderia viver um ano, conforme nos conta Mateus (Mt 20,2). O próprio frasco era precioso, feito da rocha de alabastro e confeccionado de forma a conservar o aroma, que só saía gota a gota. Somente quebrando o frasco o perfume poderia ser derramado. Não satisfeita em derramá-lo na cabeça de Jesus, Maria o utiliza para ungir-Lhe também os pés. E em vez de oferecer-Lhe uma toalha, enxuga-os com os próprios cabelos.

Maria expressa seu amor de forma extravagante, com afeto e generosidade. Um amor que surge de um impulso do coração, sem censura, sem racionalizações, sem restrições, sem medo do que os outros vão pensar. Ela simplesmente está fazendo algo convencional, mas de maneira original.

Jesus já havia predito Sua morte várias vezes, mas os discípulos nunca aceitaram a ideia. Só Maria compreende plenamente o que Ele está dizendo. É capaz, na intimidade, de perceber a verdade. Sabe que Ele vai morrer e aceita que é a vontade de Deus. Talvez só ela naquela sala tenha compreendido o tamanho do mistério que se desenrola diante de todos eles. Maria não pensa em demover Jesus de sua decisão de ir a Jerusalém. Não questiona nem se opõe, simplesmente recebe Jesus e retribui Seu amor através desse ato inusitado e profético, ungindo-O para a sepultura.

Com essa certeza no coração, Maria intui que é a última chance de demonstrar eu amor por Jesus. Uma última ação, uma despedida. Por isso, Jesus diz: ela praticou boa ação para comigo, ela fez o que pôde, antecipou-se a ungir para a sepultura (Mc 14,8).

O que ela fez merece ser contado, pois penetra no cerne do Evangelho. Ela reconhece que o caminho da cruz é o destino necessário do Cordeiro de Deus para tirar o pecado do mundo, conforme anunciado por João Batista. É isso que leva Jesus a fazer a afirmação tão marcante: onde for pregado este evangelho também será contado o que ela fez (Mc 14,9).

Custa-nos entender a necessidade de Jesus morrer numa cruz. Essa dúvida é o ponto de partida ao nos aproximarmos de Deus. A resposta da fé é aceitar aquela misteriosa necessidade da obediência de Cristo até a morte, que Ele cumpriu em nosso lugar. Quando isso acontece, compreendemos melhor a intuição e o gesto de Maria.

A cruz é paradoxal e contraditória. Nela conhecemos Deus em sua fraqueza. Enquanto muitos querem alcançá--Lo através da razão e da filosofia, e outros exigem provas, sinais e milagres, Deus escolheu salvar o mundo pela loucura da pregação da cruz (1Cor 1,18-31).

Um Deus insólito e desconcertante:

Deus é Deus

Porque é plenificado no seu esvaziamento.

Porque é vivificado na sua morte.

Porque é exaltado na sua humilhação

Porque é glorificado na sua fraqueza.

Maria então encontra Deus ali onde menos poderíamos encontrá-Lo, no Seu esvaziamento, na Sua humilhação, na Sua fraqueza, na Sua morte. E, ao encontrá-Lo, expressa todo o seu amor de mulher, com seus sentimentos, suas emoções, seu corpo. É uma cena carregada de erotismo, uma mulher com seu perfume e seus cabelos homenageando um homem. Jesus acolhe esse gesto sensual e fala de morte e sepultura, reafirmando seu chamado e sua missão.

Emoções conflitantes durante essa ceia: a alegria do encontro de amigos, o pressentimento do perigo. O ato de Maria combina com o ambiente. Expressa ao mesmo tempo alegria e tristeza. Ele é o Senhor de nossas alegrias e de nossas tristezas. Perfumes e óleos expressam naquela cultura a alegria de uma festividade. Mas também eram usados em ritos fúnebres para preparar o corpo para o funeral.

Então um perfume encheu a casa. O ato de Maria transforma o ambiente, literal e metaforicamente. Ela se derrama de forma extravagante e afetiva na aceitação da morte de

Cristo. Com seu perfume ela O unge para a sepultura, mas também dissipa o pavor e o medo, enchendo a casa com o óleo da alegria, do contentamento, da coragem. O odor da morte está presente, mas o perfume do amor é maior. Porque Maria percebe o grande amor com que Jesus, de bom grado, assume a Sua morte. O coração de Maria acolhe a ambos, a morte e a ressurreição, a humilhação e a exaltação de Cristo. E o perfume enche toda a casa.

Em Caná da Galileia, Maria, mãe de Jesus, havia revelado, por meio do milagre da transformação da água em vinho, a hora do Seu ministério público. Em Betânia, Maria revela, com seu perfume, a hora de Sua morte.

Os discípulos não conseguem entender a extravagância de Maria, acham um desperdício. O perfume poderia ser vendido por trezentos denários, o salário de um ano de um lavrador da época. O dinheiro poderia ser dado aos pobres, conforme a piedade judaica e o ensino de Cristo. Ao jovem rico Ele havia dito: "Vai, vende tudo e dá aos pobres". Mas a respeito de Maria Ele diz simplesmente: "Deixai-a; por que a molestais? Ela praticou boa ação para comigo. Porque os pobres, sempre os tendes convosco e, quando quiserdes, podeis fazer-lhes bem, mas a mim nem sempre me tendes". Maria, compreendendo que Jesus vai morrer, faz uma despedida, um réquiem. Jesus está interessado no nosso amor, mais do que nas nossas boas ações; Ele ama e deseja ser amado por nós. Não que Ele desmereça o trabalho com os pobres, pelo contrário: ao aceitar a cruz Ele se solidariza profundamente com eles. Destituído de bens, tratado com desprezo, excluído da sociedade, torturado, abandonado para morrer, em Sua morte Jesus mergulha na situação da pessoa mais miserável da Terra. Ele se identifica com o pobre, com o miserável, com o sofredor.

Seguir o caminho da cruz significa solidariedade e boas obras. Não basta só doar dinheiro como resultado de uma má consciência. A caridade tem de ser fruto do nosso amor e gratidão a Cristo. É ser misericordioso, empático e sensibilizado com o drama humano.

Ao amar Jesus, como Maria amou, nos encontraremos mais profundamente mergulhados na identificação que Ele tem com os pobres.

Entrada triunfal em Jerusalém
Evangelho segundo São Mateus 21,4-11

Ora, isto aconteceu, para se cumprir o que foi dito por intermédio do profeta: Dizei à filha de Sião: Eis aí te vem o teu Rei, humilde, montando em jumento, num jumentinho cria de animal de carga. Indo os discípulos e tendo feito como Jesus lhes ordenara, trouxeram a jumenta e o jumentinho. Então, pusera em cima deles suas vestes, e sobre elas Jesus montou. E a maior parte da multidão estendeu as suas vestes pelo caminho, e outros cortavam ramos de árvores, espalhando-os pela estrada. E as multidões, tanto as que o precediam como as que o seguiam, clamavam: Hosana ao Filho de Davi! Bendito o que vem em nome do Senhor! Hosana nas maiores alturas! E, entrando ele em Jerusalém, toda a cidade se alvoroçou, e perguntavam: Quem é este? E as multidões clamavam: Este é o profeta Jesus, de Nazaré da Galileia!

Um rei montado num jumentinho

TEMOS IMAGENS EQUIVOCADAS de Deus. Ora pensamos que é um juiz atento e severo, ora que é um titã poderoso pronto para intervir em nosso favor. Para alguns, é um ser enigmático, desconhecido e distante; para outros, uma força impessoal que podemos manipular. E assim construímos um ídolo, uma projeção humana, fruto de nossas expectativas.

A palavra arrependimento que aparece na Bíblia é uma tradução do grego *metanoia*. (*meta* = mudança, *noia* = mente). Exprime a ideia da mudança de modelo mental. É um processo contínuo, ao longo de toda a vida, de desconstruir imagens equivocadas a respeito de Deus. Assim tornamos possível que Ele se revele a nós como um Deus criador de todas as coisas, um Deus de amor e Pai de Jesus Cristo.

Israel vivia um clima conturbado nos dias de Jesus, ocupado pela força militar romana, dominado por uma liderança espiritual e civil corrupta. Era um reino mergulhado numa profunda crise espiritual, social, política e econômica.

Em meio a tudo isso os judeus esperavam, conforme predito pelos profetas, a vinda do Messias, um libertador que haveria de restaurar a força e a glória perdidas de Israel e reinar para sempre com justiça e retidão.

Para os zelotes, esse quadro justificava a tomada do poder pela luta armada. Os fariseus buscavam agradar os romanos e obter benefícios para si. Já para os essênios, a opção era se retirar para o deserto para orar e aguardar o Messias. Havia ainda o grupo dos saduceus, que constituíam a casta sacerdotal e aristocrática, dominavam o templo e o sinédrio, eram rivais dos fariseus, mas que também colaboravam com os romanos.

Em várias ocasiões, Jesus afirmou que Ele era o Messias prometido. Ele falava de justiça e anunciava um Reino de paz. Demonstrava sua autoridade messiânica ao curar enfermos, expulsar demônios, multiplicar pães, acalmar tempestades e ressuscitar mortos.

Ao agir assim, Jesus Cristo criou uma enorme expectativa no povo de toda a Galileia e também de Jerusalém. Mas não deu qualquer sinal de que desejava liderar um movimento religioso ou político. Ao contrário, João Batista proclamou que Ele é o Cordeiro de Deus que tira o pecado do mundo. E ele se disse servo de todos e afirmou que ia entregar a Sua vida para a salvação do mundo.

Esse é o quadro da semana tensa em que Jesus retorna à Jerusalém para os últimos dias de Sua vida. Jesus é visto como um insurgente e uma ameaça para as lideranças religiosas. Elas temem que a situação fuja ao seu controle, desencadeie uma intervenção armada romana e a perda de seus privilégios. Por isso, os sacerdotes e os fariseus planejam silenciar Jesus. Mais que isso, decidem prendê-Lo e matá-Lo.

Cerca de quinhentos anos antes, o profeta Zacarias anunciara a chegada do Messias, montado num jumentinho, a Jerusalém: "Alegra-te muito, ó filha de Sião; exulta, ó filha de Jerusalém; eis que o teu rei virá a ti, justo e Salvador, pobre e montado sobre um jumento, sobre um asninho, filho de jumenta" (Zc 9,9). E Jesus Cristo faz exatamente isso.

É a semana da Páscoa, a grande festa judaica que celebra a libertação do Egito. Peregrinos de todas as partes estão em Jerusalém, e uma multidão aclama a chegada de Jesus montado no jumentinho: "Bendito o Reino do nosso pai Davi! Hosana nas maiores alturas!". *Hosana* quer dizer "salva", é portanto um grito de socorro dirigido ao Messias. Segundo os Evangelhos, Jesus é de linhagem real e descendente do rei Davi.

Jesus, já bem conhecido pela fama de seus milagres e ensinamentos, incluindo a ainda recente ressureição de Lázaro, é recebido em Jerusalém como Rei, Sacerdote e Profeta prometido, na expectativa de que colocaria um fim

Na sua entrada triunfal em Jerusalém, atualmente celebrada na liturgia cristã no Domingo de Ramos, Jesus desceu pelas encostas do monte das Oliveiras, passando pelo meio de plantações de azeitonas e de um gigantesco cemitério a céu aberto que continuou a se expandir pelos séculos seguintes. Ali já foram identificados mais de 150 mil túmulos. Incluem desde tumbas ancestrais, da época dos profetas do Antigo Testamento, até rabinos e judeus ricos do século xx. Entre as pessoas famosas recentemente sepultadas no monte das Oliveiras está o primeiro-ministro Menachem Begin, ganhador do Prêmio Nobel da Paz de 1978. Todas essas sepulturas se devem a uma antiga crença segundo a qual, no fim dos tempos, o Messias descerá novamente pelo mesmo caminho, entrará em Jerusalém pela Porta Dourada e se dirigirá à esplanada do templo seguido primeiramente pelos homens e mulheres que ali dormem à espera da ressurreição.

à dominação e à opressão romanas. E que restauraria a fé e o culto trazendo tempos de paz, justiça e prosperidade para Israel. É tratado, portanto, como um libertador triunfante que iria mudar radicalmente o status quo e trazer a felicidade para todos.

Ocorre que o Salvador nem sempre está de acordo com as expectativas humanas. Jesus Cristo denuncia a injustiça e a opressão, mas rejeita a violência para tomar o poder.

Tampouco aceita fazer aliança com os poderes políticos e religiosos de sua época. Ele simplesmente ensina os Seus discípulos a amar a Deus e ao próximo e a resistir ao mal fazendo o bem. É nesse contexto que entendemos melhor a entrada triunfal de Jesus Cristo em Jerusalém.

Quem chega é o Filho de Deus, não o césar, o imperador romano investido de um pseudopoder divino. O césar, nessa época, é Tibério. Por ser imperador, teria chegado à cidade no melhor cavalo, de sela suntuosa, rodeado por sua corte de ministros e generais, com escolta armada com lanças e espadas à mostra, e seguido por súditos prontos para morrer por ele.

Jesus Cristo chega montado num jumento, com roupas comuns servindo de sela, rodeado de gente simples e de Seus discípulos, pescadores da província. O povo O saúda com ramos de oliveira, e Ele é seguido por Seus súditos, pelos quais está pronto para morrer.

A multidão que saiu às ruas no domingo para aclamar Jesus com gritos de "hosana" esperava reconhecer Nele o Messias de Israel, mas não compreendeu a missão messiânica do Servo Sofredor, do Cordeiro de Deus. A expectativa era de um libertador que iria livrá-la do sofrimento e fartá-la de pão. Aguardava um herói, um líder revolucionário, um milagreiro, mas não o Messias prometido, cujas profecias diziam que Ele haveria de sofrer antes de reinar.

Durante a semana, ao perceber que Jesus definitivamente não faria prova de força contra Seus inimigos, que não haveria mais milagres, que Ele não queria o poder temporal, a multidão se volta contra Ele, O rejeita e pede Sua morte. O grupo que no Domingo de Ramos clama "hosana" é o mesmo que na sexta-feira seguinte grita diante de Pôncio Pilatos: "Crucificai-O". E que escolhe sentenciar Jesus e absolver Barrábas. No domingo se cumpre a palavra do profeta: "Este povo honra-me com os lábios, mas o seu coração está longe de mim" (Mt 15,9).

É uma tentação presente ainda hoje no coração de todos nós, habituados a esperar e aclamar um messias político ou religioso que vai resolver os nossos problemas. Também para nós, expectativas equivocadas com relação a Cristo — de que vai nos livrar do sofrimento, vai acabar com nossos problemas e nossas dores — podem levar à decepção, à frustração e ao abandono da fé. Queremos o Cristo que, com Seu poder, nos liberte das circunstâncias espinhosas, faça um milagre para mudar nossa condição e derrote nossos inimigos. Um Rei que resolva todos os nossos problemas, que exercite Seu poder em nosso benefício.

Em vez de cumprir a expectativa da multidão, Jesus escolhe o caminho da cruz, da fraqueza e da humilhação. E nos ensina que só quem está pronto para dar a vida em favor do próximo pode de fato reinar. A autoridade de Cristo não emana de Seu poder temporal, mas de Seu amor sacrificial e de Seu perdão.

A lógica de Cristo é outra, é o triunfo da doação na cruz, não a mão de ferro do trono do césar. É uma lógica ilógica para os padrões mundanos. Ela nos ensina que é dando que se recebe, é perdendo que se ganha, é na humilhação que se é exaltado, é na fraqueza que está a força.

Gritamos "hosana" no domingo, mas seguimos com Ele até o calvário na sexta-feira, pois O ouvimos dizer: "Quem quiser ser meu discípulo, tome a sua cruz e siga-me". Um caminho, uma escolha de doação, renúncia, compromisso, para viver amando, respeitando e servindo ao próximo. Mais ainda: amando nossos inimigos, praticando a justiça, aguardando a plena manifestação do Seu Reino. E, enquanto isso, vemos aqui e ali manifestações desse Reino, que já está em nós e entre nós, ainda que não de forma definitiva e completa.

Quem é o Cristo em quem confiamos:

Um líder poderoso que usa o Seu poder para resolver nossos problemas?

Um herói libertador que nos livra dos nossos inimigos e opressores?

Um milagreiro?

Ou um pastor amoroso que me convida a trilhar o Seu caminho?

Paulo nos ajuda a compreender o esvaziamento de Cristo e o que acontece com Ele ao abrir mão do Seu poder e entregar a Sua vida por nós. "Tende em vós o mesmo sentimento que houve também em Cristo Jesus, pois ele subsistindo em forma de Deus, não julgou como usurpação ser igual a Deus; antes a si mesmo se esvaziou, assumindo a forma de servo, tornando-se em semelhança de homem; e, reconhecido em figura humana, a si mesmo se humilhou, tornando-se obediente até a morte e morte de cruz. Pelo que também Deus o exaltou sobremaneira e lhe deu o nome que está acima de todo nome, para que ao nome de Jesus se dobre todo joelho, nos céus, na terra e debaixo da terra. E toda língua confesse que Jesus Cristo é Senhor, para a glória de Deus Pai" (Fl 2,5-11).

Somos convidados a acompanhá-Lo neste caminho de doação e de renúncia. A abrir mão do poder e do controle para amar, prontos para morrer por Ele se for preciso, a entregar a nossa vida em Suas mãos. A confiar Nele mesmo em face das circunstâncias espinhosas da vida e dedicar nossa vida ao serviço do próximo.

Jesus Cristo já percorreu essa trilha; agora vai adiante de nós, mostrando o caminho que também devemos seguir.

O grande mandamento
Evangelho segundo São Mateus 22,35-40

E um deles, intérprete da Lei, experimentando-o, lhe perguntou: Mestre, qual é o grande mandamento da Lei? Respondeu-lhe Jesus: Amarás ao Senhor teu Deus de todo o teu coração, de toda a tua alma, e de todo o teu entendimento. Este é o grande e primeiro mandamento. E o segundo, semelhante a este, é: Amarás ao teu próximo como a ti mesmo. Destes dois mandamentos dependem toda a Lei e os Profetas.

A primazia do amor

Quando falamos em mandamentos, lembramos imediatamente do conjunto de leis que Moisés recebeu no deserto, escritos por Deus em tábuas de pedra. Conhecidas como os Dez Mandamentos ou Decálogo, essas ordens dadas por Deus são um marco civilizatório e contemplam toda a experiência humana: sua transcendência, sua vida familiar e sua vida social.

Jesus Cristo é judeu, é do povo que se constituiu em torno da revelação de Jeová e de seus estatutos e suas leis. Enquanto ensinava no Templo de Jerusalém, na Sua última semana de vida, Ele foi inquirido por um líder religioso acerca do principal mandamento. Responde que o grande e definitivo mandamento é o amor.

Ele faz uma releitura da lei de Moisés: "Não terá outros deuses diante de mim, não farás imagens" (Ex 20,3-19). Não se trata de uma exigência forçada, mas de uma obediência baseada no amor. Jesus Cristo afirma que o amor tem a primazia na experiência humana, tem a precedência sobre a lei e sobre tudo que os profetas disseram.

Sua afirmação faz todo sentido, pois quem ama é fiel a Deus; não desonra pai e mãe, não mata, não comete adultério, não rouba, não profere falso testemunho e não cobiça a mulher e os bens do próximo. Um único mandamento, portanto, resume e inclui todos os demais.

A palavra amor está muito desgastada. Dizemos: eu amo chocolate ou amo meu time, sem atinar em toda a profundidade que a expressão contém. O idioma grego, dizem os especialistas, tem cerca de dez palavras para designar o que em português chamamos de amor. Vamos nos ater somente a três delas.

Eros é o amor físico baseado no desejo e no prazer; dizemos "fazer amor" para designar o ato sexual.

Philia é o amor humano presente nas amizades platônicas, no amor conjugal e parental. Sabemos que esse amor não é constante, depende de reciprocidade e tem variações surpreendentes. É capaz de passar de uma atitude bondosa e afetuosa para uma de frieza e agressividade em função do estímulo recebido.

Ágape designa um amor puro, incondicional, imerecido, irretribuível, imutável, infinito, ilimitado. Um amor que vai além dos sentimentos, que se compromete e está pronto para sofrer, perdoar e até dar a vida, se necessário, pela pessoa amada.

O ser humano é capaz de compreender e praticar *eros* e *philia*, mas só Deus é verdadeiramente *ágape*.

A grande afirmação das Escrituras é que Deus é amor (1Jo 4,16), e a palavra utilizada é *ágape*. Ao longo da história, foram construídas várias imagens de Deus como um ser rígido, amedrontador, um juiz implacável, distante, e por conta disso foram feitas muitas leituras equivocadas da Bíblia.

Jesus Cristo é a manifestação plena do amor de Deus pelos homens. É Deus encarnado, entre nós, vivendo as nossas dores, morrendo a nossa morte. É Aquele que vem buscar o pecador para conduzi-lo de volta a Deus e que faz isso através da manifestação de um grande amor, capaz de, na manjedoura, renunciar ao Seu poder e a Sua glória; capaz de sacrificar-se por nós, na cruz do Calvário, para nos acolher e nos perdoar.

A experiência cristã é o processo de desconstrução ao longo da vida de toda imagem equivocada que tenhamos de Deus. E também a desconstrução de todas as formas de pensar, de falar e de agir que não venham de uma atitude amorosa. Deus é a fonte e a origem de todo amor *ágape*.

Amar e ser amado é o que mais desejamos, mas também é o que mais tememos. Temos medo porque já sofremos com experiências de abandono, traição e rejeição. Temos essas marcas em nossa história de vida, resquícios de relacionamentos muito próximos que nos feriram. Temos medo também porque percebemos que, mesmo quando amamos alguém, não conseguimos refrear os impulsos de fazer o mal e acabamos, sem desejar, machucando pessoas próximas a nós.

Esse medo de amar e de ser amado nos torna pessoas fechadas, desconfiadas, desiludidas, individualistas e desafeiçoadas. Só um grande amor poderia dissipar esse medo de não ser compreendido, de ser rejeitado. Sem esse imenso amor é grande o risco de envelhecermos amargurados e ressentidos com a vida e com os nossos relacionamentos.

Quando tomamos consciência desse profundo dilema humano, podemos, então, nos abrir ao amor de Deus — amor *ágape*, revelado, provado, derramado por Jesus Cristo, amor radical, definitivo, infinito.

Só assim podemos compreender quando o apóstolo diz: "Nisto está o amor: não em que nós tenhamos amado a Deus, mas em que ele nos amou e enviou seu Filho para propiciação pelos nossos pecados. [...] No amor, não há temor; antes, o perfeito amor lança fora o temor; porque o temor tem consigo a pena, e o que teme não é perfeito em amor. Nós o amamos porque ele nos amou primeiro" (1Jo 4,10.19).

O amor com que amamos é sempre uma pálida resposta ao grande amor com que fomos amados por Deus. Quanto mais nos percebemos amados, acolhidos, aceitos, perdoados por Cristo, que nos deseja próximos e íntimos, maior será nossa liberdade de nos lançarmos na aventura de amar sem medo e com a liberdade, a gratuidade e a generosidade que o verdadeiro amor é capaz de expressar.

Quando nos rendemos ao amor de Deus revelado através de Jesus Cristo, certamente ouvimos vozes de desconfiança dentro de nós, fruto de nossos amores humanos frustrados. Que será que ele quer de mim? O que está por trás desse amor? É nessa hora que os Evangelhos e o relato do nascimento, da vida, da morte e da ressureição de Cristo começam a fazer sentido para nós.

É uma voz que toca as cordas profundas do nosso coração, ali onde está o melhor de nós, nossos ideais elevados, nossas virtudes, nossa capacidade de fazer o bem e de amar. Cordas que até então nunca foram tocadas, que nos fazem sentir verdadeiramente amados e fazem a experiência espiritual soar como música suave e poesia ao nosso coração. E somos despertados para a realidade última de nossa vida, o chamado para amar a Deus, ao próximo e a nós mesmos. Nossas aspirações mais belas se tornam gestos do cotidiano ao querer o nosso bem e o do próximo.

Jesus diz: "Novo mandamento vos dou: que vos ameis uns aos outros; assim como Eu vos amei". A novidade é "como Eu vos amei". Isto é, não se trata de uma regra ou uma formulação teórica, mas de uma experiência testada e demonstrada de forma plena através da humanidade de Jesus Cristo.

Cristo se revela para nós não só como o grande mestre do amor, mas também como a demonstração tangível e existencial do que significa amar e ser amado. Então já não lemos mais as Escrituras como um manual de regras ou um livro de autoajuda, mas como cartas de um Deus apaixonado pela humanidade, que faz de tudo para que compreendamos e aceitemos o Seu amor desmedido por nós.

E descobrimos no meio da Bíblia o Cântico dos Cânticos, uma história de amor entre Salomão e Sulamita, recheada de afetividade, ternura e carinho, metáfora do amor de Deus, e sugere que assim podemos nos entregar a Ele, apaixonadamente, e viver uma história de amor que dá sentido a todas as outras histórias de amor da nossa vida. A nossa oração se torna suspiro, como os de Sulamita nos braços de seu amor, que sussurra: "Eu sou do meu amado e ele tem saudades de mim" (Ct 7,10).

A verdadeira espiritualidade não é a crença num dogma, não é a observância de um rito, não é o conhecimento de uma doutrina, mas a prática do amor ensinado e vivenciado por Jesus Cristo. Um amor que vai além do nosso bem-estar e muitas vezes envolve compromisso, renúncia e sacrifício. É abrindo--nos e recebendo o amor de Deus que experimentaremos, ao longo da vida, uma transformação interior que nos tornará pessoas amorosas, perdoadoras, ternas, solidárias, misericordiosas, generosas, justas, íntegras, tolerantes, bondosas e altruístas. É isso que nos torna mais parecidos com Jesus Cristo.

Com Tomé no Cenáculo
Evangelho segundo São João 20,19-29

Ao cair da tarde daquele dia, o primeiro da semana, trancadas as portas da casa onde estavam os discípulos com medo dos judeus, veio Jesus, pôs-se no meio e disse-lhes: Paz seja convosco! E, dizendo isto, lhes mostrou as mãos e o lado. Alegraram-se, portanto, os discípulos ao verem o Senhor. Disse-lhes, pois, Jesus outra vez: Paz seja convosco! Assim como o Pai me enviou, eu também vos envio. E, havendo dito isto, soprou sobre eles e disse-lhes: Recebei o Espírito Santo. Se de alguns perdoardes os pecados, são-lhes perdoados; se lhos retiverdes, são retidos. Ora, Tomé, um dos doze, chamado Dídimo, não estava com eles quando veio Jesus. Disseram-lhe, então, os outros discípulos: Vimos o Senhor. Mas ele respondeu: Se eu não vir nas suas mãos o sinal dos cravos, e ali não puser o dedo, e não puser a mão no seu lado, de modo algum acreditarei. Passados oito dias, estavam outra vez ali reunidos os seus discípulos, e Tomé, com eles. Estando as portas trancadas, veio Jesus, pôs-se no meio e disse-lhes: Paz seja convosco! E logo disse a Tomé: Põe aqui o dedo e vê as minhas mãos; chega também a mão e põe-na no meu lado; não sejas incrédulo, mas crente. Respondeu-lhe Tomé: Senhor meu e Deus meu! Disse-lhe Jesus: Porque me viste, creste? Bem-aventurados os que não viram e creram.

Um homem que tem dúvidas

O TEXTO NOS DIZ QUE os acontecimentos se deram "Ao cair da tarde daquele dia, o primeiro da semana", isto é, no domingo que se seguiu à Páscoa judaica, na sexta-feira. Ano 33, em Jerusalém. Apesar de tratar-se de um acontecimento histórico, narrado por uma de suas testemunhas oculares, as palavras desse relato não estão presas no tempo e no espaço, são eternas, transcendem à história e se atualizam hoje. É com esse olhar que entramos na casa onde os discípulos estão trancados, inseguros e amedrontados.

É fim de tarde, transição entre o dia e a noite, entre o claro e o escuro, entre a luz e as trevas, quando nossos medos nos assaltam, as crianças ficam inquietas e os doentes pioram. Deus nos visita quando somos tirados de um lugar seguro e levados para a insegurança do desconhecido. O mesmo Deus que, ao concluir a Criação, passeou com o homem no jardim, no sábado, sétimo e último dia, vem agora visitar os discípulos no domingo, primeiro dia da semana. Está conosco no primeiro e também no último dia. Sua presença amorosa permeia toda a nossa existência, toda a história, do começo ao fim.

Os discípulos estão com medo e se trancam, se isolam. É o que fazemos nos momentos de crises e incertezas. Fechamos as portas e colocamos cadeados e ferrolhos em nossas iniciativas, ficamos sem ação e nos refugiamos, cabisbaixos. Nossa capacidade de amar e enfrentar a vida fica trancada. Fechados entre quatro paredes, andamos em círculos, sem alegria, sem coragem. Acontece nas famílias, com maridos e esposas, pais e filhos. Afeta nosso corpo, nos tornamos enrijecidos, tensos e adoecidos. Acontece com nossas emoções e nossos afetos, somos tomados de torpor e sentimentos destrutivos. Acontece com nossa espiritualidade, nos tornamos céticos e distantes de Deus. É aí que Ele nos visita: "Veio Jesus e pôs-se no meio".

Cristo é capaz de transpor os muros e as portas que construímos, com medo, para nos refugiar da vida e dos outros. É aí que ouvimos a Sua voz: "Paz seja convosco". A espiritualidade cristã requer ouvir essa voz nos momentos de medo e apatia; de isolamento e prostração; de aprisionamento de nós mesmos ante as dificuldades.

A paz surge do conflito e da ruptura. Não é a paz do cemitério, mas a paz nas famílias dilaceradas, nas comunidades divididas pelo ódio, entre as nações beligerantes. A paz é o fruto da reconciliação com Deus, conosco, com nossos irmãos e com o mundo. Aparece quando depomos nossas armas e cessamos a luta. É a síntese da presença de Cristo em nós. Ele é a nossa paz.

É bom ouvi-Lo dizer: "Paz seja convosco". Pois vivemos em permanente conflito com Deus, conosco, com nossa família, com nossa comunidade, com nossa sociedade, com nosso tempo. Vivemos ressentidos, defendidos e cheios de suspeitas.

Ouvir Jesus e acolher essa paz é uma graça e também um desejo nosso. Queremos nos reconciliar com quem somos, com nossa biografia, com o lugar que ocupamos, com o tempo em que vivemos. Muitas vezes nos sentimos estranhos a nós mesmos e nos refugiamos no excesso de atividades, no consumo, na fantasia, no mundo virtual, nas drogas lícitas e ilícitas.

Entendemos a paz como ausência de conflitos. Mas Jesus Cristo nos traz a Sua paz num mundo conturbado. Sua paz não é para aceitarmos o mal, mas para prosseguirmos fazendo o bem,

O Cenáculo é hoje um local turístico muito popular em Jerusalém. Está situado no andar superior de um edifício antigo na colina do monte Sião. Na época de Jesus, teria sido usado como sinagoga e foi poupado da destruição pelas tropas do general Tito no ano 70 d.C. No andar térreo há uma tumba que alguns judeus dizem ser a do rei Davi. Por isso, ao entrar nesse local, os visitantes são convidados a fazer silêncio e, no caso dos homens, usar a quipá judaica sobre a cabeça em sinal de respeito. O Ministério do Turismo de Israel, no entanto, afirma que a tumba tem caráter meramente simbólico, uma vez que essa parte do edifício teria sido construída na Idade Média, portanto, muitos séculos após a morte de Davi. Da mesma forma, não há nenhuma comprovação de que seja, de fato, o local da Última Ceia de Jesus com Seus discípulos.

para vivermos com serenidade e confiança, apesar do mal.

Trata-se de uma paz que surge da reconciliação. É a paz que põe termo ao conflito e ao litígio. Estamos em conflito com Deus, conosco, com nossas circunstâncias, com nossas famílias, com nossas comunidades? Há situações em nossa vida que fogem ao nosso controle, que não aceitamos e contra as quais lutamos? Vivemos uma vida de sobressaltos, pesada e conflituosa? É quando nos percebemos aflitos, sem paz, áridos, estéreis, entediados e distantes de Deus que tomamos consciência de que precisamos de reconciliação.

Abrimos então o nosso coração a Deus e, como o filho pródigo, iniciamos nosso caminho de volta para a casa do Pai. Ele nos recebe com festa e abraços. É Ele que nos conduz do medo que nos isola para a alegria de viver. Ao ouvir a sua voz — "Paz seja convosco" —, depomos nossas armas e fazemos um caminho de reconciliação com Deus, conosco e com o outro. O fruto da paz é a alegria de viver, o contentamento, a coragem.

Em seguida, Ele sopra o Espírito Santo sobre os discípulos. Na ausência do Cristo encarnado, o Espírito Santo se torna a presença divina em nós. É o mesmo gesto amoroso da criação, quando Ele tomou o pó da terra, soprou o fôlego da vida e criou homem e mulher à sua imagem e semelhança (Gn 2,7).

O Criador e o Redentor são a mesma pessoa, o mesmo Deus apaixonado pela humanidade. O sopro do Espírito Santo é uma visitação de força e poder, não só para vivermos, mas para sermos enviados como portadores de uma mensagem de paz, de perdão e reconciliação em um mundo marcado por medo, conflitos e violência.

Nesse momento chega Tomé, até então ausente. Ele é um dos doze discípulos que conheceram Jesus na intimidade e provaram de Sua ternura e amizade. Mostrou a sua coragem e lealdade quando os discípulos tiveram medo de ir a Jerusalém, e ele afirmou: "Vamos também nós para morrermos com ele". (Jo 11,16). Foi Tomé quem perguntou a Jesus no cenáculo "Senhor, como saber o caminho?", e que ouviu o Mestre responder com uma síntese contundente acerca de sua identidade e missão: "Eu sou o Caminho, a verdade e a vida, ninguém vem ao Pai senão por mim" (Jo 14,6). Agora, aparentemente, Tomé está decepcionado e sem fé. Frustrado com Jesus, que se mostrou frágil e vulnerável na sua Paixão. Frustrado com ele mesmo por constatar que, diante do Calvário e da cruz, não teve a coragem antes proclamada; ao contrário, fugiu com medo. Agora, sentindo-se excluído, ele se irrita com os que dizem ter visto durante sua ausência o Cristo ressuscitado. E mostra toda sua desconfiança dizendo que quer provas, que só acredita se vir e tocar o corpo de Cristo.

Nada acontece nesse momento. Só depois de oito dias Jesus regressa para encontrar os discípulos, que continuam escondidos e trancados. Em vez de repreendê-los pelo medo, Cristo repete: "Paz seja convosco!". E, em seguida, acolhe amorosamente Tomé: "Sou eu, veja as marcas dos cravos na minha mão, pode me tocar, pode acreditar que eu vivo".

A resposta a esse acolhimento é a mais impressionante declaração que alguém pode fazer diante de Cristo: "Senhor meu. Deus meu!". Sim, o Cristo histórico que morreu, também ressuscitou e continua entre nós, é o nosso Senhor e o nosso Salvador. Jesus Cristo não repreende Tomé, mas diz: "Bem-aventurados os que não viram e creram".

É um elogio, uma bênção especial para aqueles que simplesmente confiam, apenas creem na Palavra. Sem necessidade de sinais. Basta saber que Suas mãos e Seus pés foram transpassados pelos cravos na cruz. E que foi por nós. Bem-aventurados os que não precisam de provas para crer no amor de Deus. Na Bíblia, quem pede provas é o demônio, na tentação no deserto. Cristo simplesmente confia no amor do Pai e não duvida nem mesmo diante da cruz.

Bem-aventurados os que não viram, mas creram, porque não serão enganados. Pois os falsos profetas já estão entre nós, gerando cristãos infantilizados e dependentes, que só se relacionam com Deus por interesse e andam atrás de sinais em benefício próprio.

Sabemos que Deus está conosco nas nossas crises e conflitos, não desiste de nós, não se intimida com nossas portas trancadas e nos visita no dia ruim, quando estamos desamparados e impotentes. Ao penetrar no mais íntimo do nosso ser, nos ajuda a olhar para nosso coração fragmentado e nos reconcilia com Ele, conosco e com o nosso próximo.

Deus, que transforma nossos medos em coragem para viver, nos tira do isolamento e da prostração, e nos envia como pacificadores num mundo marcado por rupturas. É o Deus que nos acolhe na nossa incredulidade e com amor nos conduz a uma experiência de fé contínua ao longo da vida. E que elogia e abençoa de forma especial aqueles que vivem pela fé, que simplesmente creem e recebem a Sua palavra.

Ouçamos Sua palavra: "Paz seja convosco".

No caminho de Emaús
Evangelho segundo São Lucas 24,13-34

Naquele mesmo dia, dois deles estavam no caminho para uma aldeia chamada Emaús, distante de Jerusalém sessenta estádios. E iam conversando a respeito de todas as coisas sucedidas. Aconteceu que, enquanto conversavam e discutiam, o próprio Jesus se aproximou e ia com eles. Os seus olhos, porém, estavam como que impedidos de o reconhecer. Então, lhes perguntou Jesus: Que é isso que vos preocupa e de que ides tratando à medida que caminhais? E eles pararam entristecidos. Um, porém, chamado Cléopas, respondeu, dizendo: És o único, porventura, que, tendo estado em Jerusalém, ignoras as ocorrências destes últimos dias? Ele lhes perguntou: Quais? E explicaram: O que aconteceu a Jesus, o Nazareno, que era varão profeta, poderoso em obras e palavras, diante de Deus e de todo o povo, e como os principais sacerdotes e as nossas autoridades o entregaram para ser condenado à morte e o crucificaram. Ora, nós esperávamos que fosse ele quem havia de redimir a Israel; mas, depois de tudo isto, é já este o terceiro dia desde que tais coisas sucederam. É verdade também que algumas mulheres, das que conosco estavam, nos surpreenderam, tendo ido de madrugada ao túmulo; e, não achando o corpo de Jesus, voltaram dizendo terem tido uma visão de anjos, os quais afirmam que ele vive. De fato, alguns dos nossos foram ao sepulcro e verificaram a exatidão do que disseram as mulheres; mas não o viram. Então, lhes disse Jesus: Ó néscios e tardos de coração para crer tudo o que os profetas disseram! Porventura, não convinha que o Cristo padecesse e entrasse na sua glória? E, começando por Moisés, discorrendo por todos os Profetas, expunha-lhes o que a seu respeito constava em todas as Escrituras. Quando se aproximavam da aldeia para onde iam, fez ele menção de passar adiante. Mas eles o constrangeram, dizendo: Fica conosco, porque é tarde, e o dia já declina. E entrou para ficar com eles. E aconteceu que, quando estavam à mesa, tomando ele o pão, abençoou-o e, tendo-o partido, lhes deu; então, se lhes abriram os olhos, e o reconheceram; mas ele desapareceu da presença deles. E disseram um ao outro: Porventura, não nos ardia o coração, quando ele, pelo caminho, nos falava, quando nos expunha as Escrituras? E, na mesma hora, levantando-se, voltaram para Jerusalém, onde acharam reunidos os onze e outros com eles, os quais diziam: O Senhor ressuscitou e já apareceu a Simão!

Ele nos encontra pelas estradas da vida

SERIA POSSÍVEL CONVIVER com alguém durante três anos e depois de alguns dias de ausência não o reconhecer por ocasião de um reencontro? Foi o que aconteceu no caminho entre Jerusalém e Emaús. Dois discípulos de Jesus Cristo caminham e conversam com Ele, mas não O reconhecem.

Na sexta-feira anterior, Jesus Cristo fora preso, julgado, condenado e executado pelos romanos no monte do Calvário. No domingo, ressuscitou e apareceu no jardim do túmulo para Maria Madalena, Maria, mãe de Tiago, e Salomé.

Nesse mesmo domingo, em vez de voltar a Jerusalém e confrontar os oficiais romanos e os sacerdotes do Templo, Jesus Cristo nos surpreende ao caminhar e conversar com dois de Seus discípulos, possivelmente Cléopas e sua esposa Maria. Ele entra na conversa dos dois, que ainda estão abalados pelos trágicos acontecimentos dos dias anteriores. Esses discípulos, que haviam acreditado de todo o coração e seguido fielmente o Mestre, viram-no humilhado, derrotado, flagelado e morto na cruz, num ato público. Vivem, portanto, um momento de dor, luto, frustração, incerteza. Não conseguem perceber quem é o estranho que caminha ao lado deles. A expectativa de vê-Lo como o Rei que daria fim à ocupação romana e aos desvios dos sacerdotes do Templo os impede de reconhecer Jesus Cristo ressuscitado.

Em alguns momentos de nossa vida, não conseguimos perceber a presença de Deus porque criamos expectativas irreais de quem Ele é e de como deve agir. Queremos um Deus poderoso que nos livre do sofrimento e não compreendemos que o mesmo Deus todo-poderoso do Antigo Testamento é o Nazareno que morre na cruz.

Sim, Ele ressuscitou, mas, para isso, antes teve de morrer. Os discípulos não compreendiam que o poder irreversível e invencível da morte só poderia ser vencido por um poder ainda maior, o poder do amor e da vida, o poder de Deus. O Filho de Deus vem sofrer conosco e morrer a nossa morte, para nos libertar do mal e nos dar a vida eterna.

Os dois discípulos acreditavam que Jesus Cristo era um profeta, poderoso em palavras e obras. Era quem haveria de redimir Israel. Sabiam também que Ele fora morto e sepultado, e que havia rumores, espalhados por algumas mulheres, de que havia ressuscitado. Porém, anestesiados pela tristeza e pelo ceticismo, não percebem que esse mesmo Jesus caminha ao lado deles na estrada para Emaús. Ao entrar na conversa, Ele primeiro lamenta o quanto eles eram lentos para ouvir e crer nas profecias. Em seguida, começa a expor o significado das Escrituras citando os textos do Antigo Testamento sobre Seu padecimento, desde Moisés e passando por todos os profetas.

No ano 700 a.C., o profeta Isaías escreveu: "Certamente ele tomou sobre si as nossas enfermidades, e as nossas dores levou sobre si, e nós o reputávamos por aflito, ferido de Deus e oprimido. Mas ele foi transpassado pelas nossas transgressões, e moído pelas nossas iniquidades, o castigo que nos traz a paz estava sobre ele e pelas suas pisaduras fomos sarados" (Is 53,4-8).

Os discípulos não conseguem suportar a ideia de um Deus fragilizado e humilhado, que não faz prova de força contra seus inimigos. Mas só um Deus que assumisse visceralmente a morte, a maldade e o sofrimento humano poderia nos salvar. Esse é o sentido do nascimento, da vida, da morte e da ressurreição de Cristo.

No meio da conversa, Jesus Cristo se despede para seguir outro caminho, e os discípulos reagem imediatamente, dizendo: "Fica conosco, porque já é tarde, e o dia declina". Ele aceita o convite. Desde então esta é uma bela oração presente ao longo da história da Igreja: "Fica conosco, Senhor".

Esse é o jeito discreto, não invasivo, de Jesus Cristo entrar em nossas casas e em nossa vida. Se Deus aparecesse na Sua glória, não teríamos nem opção de rejeitá-Lo. Em Patmos, diante da visão de Cristo glorificado, João cai desmaiado aos Seus pés.

Jesus Cristo não invade nossa vida, mas Sua presença e Sua palavra despertam em nós o desejo de tê-Lo por perto. Cléopas e Maria são hospitaleiros, uma virtude humana. A percepção de Deus é proporcional à nossa capacidade humana de sermos bondosos e acolhedores. Eles convidam um estrangeiro que conheceram no caminho a permanecer em sua companhia. E Cristo, ao aceitar o convite, nos revela que Ele nos visita nesse espaço do acolhimento, da gentileza, da bondade e da hospitalidade.

Ao redor da mesa da refeição, Jesus Cristo tomou o pão, deu graças, o partiu e o distribuiu. Nesse momento, sem que Ele fale, os discípulos O reconhecem. No caminho eles viram o homem Jesus, na mesa eles contemplam a glória eterna do Cristo transcendente. Eles se deparam com o Verbo Encarnado participando de um momento de intimidade com eles. Deus se revela numa mesa posta e onde há lugar para um hóspede. O divino não é percebido somente no sobrenatural, mas também no simples e discreto gesto humano.

E tão logo se abrem os olhos dos discípulos e eles O reconhecem, Jesus Cristo desaparece. O ser humano não poderia suportar tanta realidade. Queremos que permaneça, mas a vida cristã implica visitas surpreendentes, encontros inesperados, sem que possamos detê-lo, possuí-lo ou segurá-lo. No momento em que Ele desaparecer, a tentação será sempre a de construir um ídolo, uma imagem, e mantê-lo sob nosso controle. Mas o Deus vivo e verdadeiro é imprevisível, insólito, desconcertante, não se encaixa nas nossas expectativas, ideologias, doutrinas, regras, técnicas, retóricas, tradições e outros esquemas humanos. Ele surge do nada em nossos caminhos, entra nas nossas conversas, não se insinua, mas desperta em nós o desejo de tê-Lo por perto. Aceita nossa hospitalidade, ceia conosco e vai embora. Uma experiência irreproduzível. Resta-nos ficar atentos para percebê-Lo novamente em meio às nossas discussões, frustrações e tristezas.

Os discípulos dizem um ao outro: "Não nos ardia o coração, quando ele, pelo caminho, nos expunha as Escrituras?". Ler as Escrituras com um coração ardente e o exercício da bondade e da hospitalidade são caminhos para perceber Jesus Cristo presente na simplicidade do cotidiano, na vida de um casal que se senta para uma refeição, toma o pão, dá graças e o reparte com um hóspede inesperado. O resultado desse encontro tem três movimentos:

Primeiro eles se levantam e voltam para Jerusalém, onde estavam reunidos os outros discípulos (Lc 24,36-53). Portanto, um movimento em direção ao convívio, à partilha, à amizade, ao companheirismo. Ali Jesus aparece novamente a todos os discípulos e fala não só em redimir Israel, mas todas as nações da Terra (Lc 24,47).

O segundo movimento implica perceber a universalidade da mensagem de Jesus Cristo e o consequente compromisso de viver e contar para toda a humanidade do amor de Deus e de seu desejo de salvar, perdoar e nos transformar em pessoas melhores.

Finalmente, o terceiro movimento é em direção à alegria e ao júbilo (Lc 24,52). Uma genuína alegria de viver, um contentamento que vem de dentro e que independe das circunstâncias. É fruto de uma realização pessoal e de encontrar um sentido existencial para nossa vida.

O ser humano é um peregrino chamado a reconhecer Jesus Cristo, que o interpela nos seus caminhos e descaminhos. Ele o faz expondo aquilo que as Escrituras dizem a seu respeito, para abrir nossos olhos e para nos fazer reconhecer que Jesus Cristo morreu e ressuscitou, está vivo e deseja participar do nosso cotidiano. Emaús é uma jornada que não se faz sozinho. Deve ser compartilhada com os nossos semelhantes e na companhia do próprio Cristo, que nos orienta e ilumina ao longo dessa jornada.

O fruto desse encontro é uma alegria inexplicável, que brota do fundo do nosso coração, permeia nossos relacionamentos e nos dá um sentido de missão, um desejo de colocar nossa vida nas mãos de Deus para sermos Seus instrumentos na construção de um mundo melhor.

Quem é Jesus Cristo?
Evangelho segundo São Mateus 16,13-16

Indo Jesus para os lados de Cesareia de Felipe, perguntou aos seus discípulos: Quem diz o povo ser o Filho do Homem? Eles responderam: Uns dizem: João Batista; outros: Elias; e outros: Jeremias ou algum dos profetas. Mas vós, continuou ele, quem dizeis que eu sou? Respondendo Simão Pedro disse: Tu és o Cristo, o Filho do Deus vivo.

Evangelho segundo São João 11,25

Disse-lhe Jesus: Eu sou a ressurreição e a vida. Quem crê em mim, ainda que morra, viverá.

A pergunta que pede uma resposta

"QUEM DIZEIS QUE EU SOU?", pergunta Jesus Cristo aos seus discípulos. É uma pergunta desafiadora, que nos tira da zona de conforto, nos convida à reflexão e que suscita uma resposta. À pergunta de Cristo não podemos responder de forma impulsiva. Arriscaríamos que nossa resposta viesse contaminada pelo senso comum ou pelo nosso próprio olhar equivocado.

Como definir uma pessoa? Haveria uma resposta única e definitiva? Temos um limite de palavras e conhecemos parcialmente o conteúdo dos dicionários. A nossa linguagem para descrever o mundo espiritual é ainda mais limitada. Descrevemos o outro a partir de nossa própria ótica, que não é neutra. É, portanto, míope e permeada de conceitos, preconceitos e expectativas. Ou seja, não basta colocar um rótulo. Para conhecer e definir alguém há que se aguardar paciente e silenciosamente que o outro se revele, se exponha, num processo lento e gradual. Só assim podemos ser visitados pela singularidade e unicidade do outro que se revela. Só então podemos descrever essa pessoa, ainda que de forma inconclusiva, a partir de um conhecimento baseado no convívio e na amizade.

Dada à visibilidade e à importância histórica de Jesus de Nazaré, a pergunta que Ele faz aos discípulos é dirigida a toda a humanidade. Quem é Jesus Cristo?

Todos os livros do mundo não conseguiriam defini-lo. São diversas as respostas históricas, teológicas e filosóficas ao longo de 2 mil anos, mas ninguém tem o monopólio dessa verdade. Como somos seres inteligentes e racionais, podemos começar nos debruçando sobre o Livro, as Escrituras que nos contam sobre Ele. A fé cristã pode verificar a autenticidade histórica, geográfica, arqueológica, e aceitar seu testemunho como verdadeiro.

Ainda assim, algo nos escapa. A revelação espiritual não está sujeita aos nossos pressupostos. Ela quebra paradigmas e embaralha nossas certezas. A verdade espiritual nos surpreende e, quando a desvendamos, faz arder no nosso coração uma chama que desconhecemos. Ela toca regiões profundas e adormecidas da nossa alma e desperta virtudes essenciais para a vida, como a fé, a esperança e o amor.

Assim, vamos conhecendo Jesus Cristo pelo caminho. Aprendemos com Ele, e, apesar de já sabermos alguma coisa, nessa jornada sempre conviveremos com dúvidas e questões mal resolvidas. A fé é a experiência de uma peregrinação que se desdobra em diferentes paisagens e realidades ao longo da vida, sem volta, sem nunca chegar, um caminho com Cristo até Cristo.

O caminho de fé começa com uma confissão humilde: eu não sei muito bem quem é Jesus Cristo. Seguido por um pedido: eu gostaria de conhecê-Lo e por isso quero ter ouvidos atentos e abertos para que Ele se revele. E sabendo de antemão que poderei ouvi-Lo todos os dias da minha vida sem nunca ter uma definição completa e exclusiva.

Devemos ouvir com o coração aberto, progressivamente, dispostos a aceitar encontros, desencontros e reencontros, com momentos de êxtase espiritual seguidos de dúvidas de fé e crises existenciais, sem nunca desistir. Caminhando ao lado desse amigo que é Jesus Cristo, podemos compreender e aceitar Seu amor por nós — um amor infinito, irrestrito, incondicional, imerecido e irretribuível.

Começamos a conhecer alguém pela soma total de suas experiências de vida, por sua biografia, por seus atos e suas palavras. Felizmente podemos ter os Evangelhos como ponto de partida para essa sublime aventura de perceber quem é Jesus Cristo.

Ainda que resumidamente, olhemos para Sua vida, Sua morte e Sua ressurreição.

Teremos dificuldades de acolher essa revelação somente com a razão. A biografia de Cristo se apoia em três fatos inverossímeis, difíceis de acreditar. Primeiro: Ele nasceu de uma virgem que nunca teve contato com um homem. Poderia um óvulo feminino ser fecundado sem um espermatozoide masculino? Segundo: nasceu em Israel, periferia do Império Romano, e na Galileia, periferia de Israel; filho de um carpinteiro, se dizia Filho de Deus, o Messias Prometido, Deus encarnado. Terceiro: crucificado e morto, ressuscitou depois de três dias no túmulo, conversou e comeu com Seus amigos e, em seguida, foi tomado por uma nuvem e ascendeu aos céus. Como acreditar em coisas tão extraordinárias somente à luz da razão?

O secularismo, de modo geral, tem sido condescendente com Jesus Cristo. De um lado, a maior parte dos pensadores, historiadores e filósofos não O condena. Ao contrário, O vê como um modelo de integridade, um mestre, um vulto importante da história. De outro, novas e antigas religiões não cristãs, apesar de respeitarem Jesus Cristo, negam a possibilidade de um nascimento virginal, suas próprias afirmações de que era Deus, bem como o testemunho de Seus discípulos de que Ele ressuscitou dos mortos e ascendeu aos céus. A maioria dessas religiões afirma que Jesus Cristo foi um ser iluminado, um profeta, um mestre espiritual, alguém que atingiu um estágio elevado de purificação, enfim, um bom homem.

Mas será que poderíamos, de fato, sendo honestos e usando apenas argumentos racionais, dizer que Ele foi um bom homem? Por esse parâmetro, provavelmente faríamos exatamente o contrário: a partir de suas declarações e de sua biografia autorizada, diríamos que foi um farsante ou louco. Um farsante, se Ele mentiu acerca de sua origem divina. Um louco, se não sabia que estava mentindo e vivia um surto psicótico. Portanto, as hipóteses de que Jesus foi apenas um profeta ou um homem bom, como defendem certas religiões e correntes de pensamento secular, não se coadunam com Suas próprias declarações a respeito de Si mesmo.

Uma vez que a história e a identidade de Jesus Cristo não se sustentam por argumentos meramente racionais, só nos resta como alternativa — caso Dele queiramos nos aproximar — render-nos a Ele e reconhecer que é o Filho de Deus, que nasceu da Virgem Maria, morreu no Calvário para nos perdoar e nos dar a vida eterna, em seguida ressuscitou e subiu aos céus, e está agora assentado no trono do Universo.

Ao olharmos para a continuação dessa história, veremos os discípulos perdidos e amedrontados no episódio da crucificação. Logo depois, porém, estarão saindo pelo mundo cheios de fervor e coragem, anunciando que Jesus Cristo é o Deus vivo encarnado, que morreu na cruz pelos nossos pecados e ressuscitou ao terceiro dia. Como é possível uma transformação tão radical e profunda, em tão pouco tempo?

Essa mensagem só chegou até nós por conta do sangue dos cristãos da primeira hora. Pois sabemos que a base do Império Romano era o culto a um imperador revestido de autoridade divina. Ora, ao recusar o culto a césar, os cristãos foram vistos como grande ameaça ao império. O resultado foi uma perseguição implacável para aniquilar a propagação dessa nova doutrina.

Aqueles mesmos discípulos enfrentaram tribunais e sentenças de morte e não abriram mão de suas convicções. Eles sabiam a enorme diferença entre Jesus Cristo e o imperador de Roma. Só há um Senhor, Jesus Cristo, a Ele toda glória e todo poder.

Como poderiam Seus discípulos, gente simples, com Cristo morto e enterrado, ser capazes de viajar pelo mundo, arriscar a vida e enfrentar o martírio? Se fugiram, negaram e se dispersaram quando Ele morreu, como poderiam agora proclamar que é o Senhor do mundo inteiro?

Parece evidente que, se eles não tivessem visto Cristo ressurrecto, não teriam fé, força e coragem para assumir tamanho risco.

Fica esta pergunta para nós: Afinal, quem é Jesus Cristo? Pedro conviveu com Cristo. Ele sabia de todas as circunstâncias de Seu nascimento, desde as predições dos profetas do Antigo Testamento até o anúncio do anjo a Maria. Do parto num estábulo, do cocho servindo de berço, dos anjos cantando nos céus e dos pastores chegando. Da fuga para o Egito quando Herodes decretou a morte das crianças de até três anos. De Sua vida familiar e anônima em Nazaré. Esteve com Ele nas bodas de Caná, na multiplicação dos pães, no monte da transfiguração, na ressurreição de Lázaro. Ele ouviu Jesus Cristo dizer: "Tudo que ouvi de meu Pai lhes dei a conhecer", e ainda: "Eu e o Pai somos um".

Pedro então responde à pergunta de Jesus, dizendo: "Tu és o Cristo, o Filho do Deus vivo".

E Jesus acrescenta: "Bem-aventurado és, Simão Barjonas, porque não foi carne e sangue que to revelou, mas meu Pai que está nos céus".

Conhecemos Cristo à medida que vamos respondendo à Sua indagação e reconhecendo Sua transcendência. Quando isso acontece, sabemos que a resposta surgida no profundo de nossa alma é fruto não de uma conclusão humana, mas de uma revelação divina, misteriosa, surpreendente e desconcertante. E somos tomados subitamente por um amor infinito, uma experiência de fé que toca nossa mente, nossas emoções e nosso corpo, impossível de ser descrita ou explicada. Nessa experiência, nossa humanidade finita, ambivalente e precária é visitada por um Deus pessoal e amoroso que nos enche de fé, esperança e amor.

Então, o nascimento virginal, as afirmações de que Ele é Deus, a morte para remissão de nossos pecados e a ressurreição deixam de ser indagações a serem respondidas racionalmente e se tornam verdades recebidas de joelhos diante da Beleza e da Majestade de Deus.

Certamente o caminho do peregrino é cercado de dúvidas. Quando Jesus é preso e levado ao Sinédrio, o sumo sacerdote lhe pergunta: "Eu te conjuro pelo Deus vivo que nos diga se tu és o Cristo, o Filho do Deus". Jesus respondeu: "Tu o disseste, entretanto eu vos declaro que desde agora vereis o Filho do Homem assentado à direita do Todo--Poderoso e vindo sobre as nuvens do céu".

O Filho de Deus e o Filho do Homem são a mesma pessoa. Em Jesus Cristo, o divino e o humano se encontram, duas naturezas indivisíveis. No ano de 325, em meio a muitas controvérsias sobre a identidade de Jesus, os principais líderes da Igreja nascente se reuniram em Niceia e responderam à pergunta que Jesus havia feito a Pedro através do Credo Apostólico, que desde então se tornou normativo para todas as Igrejas cristãs: oriental, romana e reformada. Cito a primeira parte concernente à identidade de Cristo:

Creio em um só Deus, Pai onipotente, Criador do céu e da terra,
de todas as coisas, visíveis e invisíveis.
E em um só Senhor, Jesus Cristo, o unigênito Filho de Deus,
nascido do Pai antes de todos os séculos, Deus de Deus,
Luz de Luz, verdadeiro Deus de verdadeiro Deus,
nascido, não criado, de uma só substância com o Pai,
por quem todas as coisas foram feitas;
o qual por nós homens e pela nossa salvação desceu do céu e se fez carne
pelo Espírito Santo na Virgem Maria e se fez homem,
e foi crucificado por nós sob Pôncio Pilatos, padeceu e foi sepultado,
e ao terceiro dia ressuscitou, segundo as Escrituras,

e subiu ao céu e está sentado à direita do Pai,
e virá novamente com glória para julgar os vivos e os mortos,
e o Seu reino não terá fim.

O apóstolo Paulo nos fala de três virtudes cristãs, também chamadas de virtudes teologais: a fé, a esperança e o amor. São as virtudes cultivadas por aqueles que creem em Jesus Cristo.

A fé nos conduz a uma confiança irrestrita no Senhor Altíssimo e Criador de todas as coisas. Deus não é mais um ser estranho ou enigmático. Na face de Cristo vemos como Deus é e como o homem deveria ser. Percebemos então que Deus é amor, perdemos o medo e nos entregamos a Ele, para viver Nele e para Ele.

A esperança é uma convicção profunda, vibrante e acalentadora de que tudo vai acabar bem. O mal não é definitivo. Em Cristo, vemos o triunfo do amor e do bem sobre a injustiça e a maldade. A morte não é o fim de tudo, pois Jesus ressuscitou e prometeu a vida eterna a todos que Nele cressem.

O amor que Cristo demonstra na Sua doação por nós e no perdão dos nossos pecados é a cura da solidão humana, e nos salva do nosso próprio egoísmo, à medida que tomamos consciência da nossa capacidade de fazer o mal. Aprendemos com Ele a amar com doçura e humildade o nosso próximo, ainda que esse amor seja às vezes imerecido e não retribuído.

Todo ser humano, consciente de sua existência incompleta, anseia pela eternidade. Jesus Cristo é a resposta de Deus para a genuína busca humana de estabelecer uma conexão com algo maior e capaz de nos garantir completude e significado. No fundo de nosso coração mora uma saudade de transcendência, de pertencimento e sentido existencial, uma saudade de Deus.

O mundo precisa conhecer Jesus Cristo para então viver com fé, esperança e amor.

Epílogo:
O caminho
do peregrino

Epístola aos Filipenses 3,20-21

Pois a nossa pátria está nos céus, de onde também aguardamos o Salvador, o Senhor Jesus Cristo, o qual transformará o nosso corpo de humilhação, para ser igual o corpo de sua glória, segundo a eficácia do poder que ele tem de até subordinar a si todas as coisas.

Primeira Epístola de São Pedro 1,17

Ora, se invocais como Pai aquele que, sem acepção de pessoas, julga segundo as obras de cada um, portai-vos com temor durante o tempo de vossa peregrinação.

PODEMOS COMPARAR A EXISTÊNCIA humana a uma peregrinação. Somos caminhantes e peregrinos em uma jornada que vai do nascimento à morte, do efêmero ao eterno, da terra ao céu. Essa trajetória tem como ponto de partida nosso ser perdido e caído, capaz de pensar e agir com maldade, e prossegue em direção à perfeita humanidade de Jesus Cristo. A experiência do peregrino é a de se tornar mais parecido com Jesus Cristo ao longo da vida.

Trata-se de uma empreitada sem volta e sem fim porque busca o eterno e o infinito. Quanto mais nos distanciamos de onde partimos, mais longe estamos do nosso destino. É nesse itinerário existencial e espiritual que nos encontramos com Cristo. É um caminho com Cristo até Cristo. Dessa peregrinação, não temos o mapa completo, nem a previsão do tempo. Ora caminhamos por planícies floridas sob o sol cálido e com o vento fresco sobre nossa face, ora caminhamos na tempestade, por vales escuros e tortuosos, por veredas escorregadias à beira do abismo.

Abraão, aos 75 anos de idade, é chamado por Deus para deixar sua casa, sua família, e seguir sem saber muito bem como e para onde (Gen 12,1-4). Ao obedecer, Abraão se torna o preâmbulo de uma história extraordinária e o patriarca das três grandes religiões monoteístas: o judaísmo, o cristianismo e o islamismo.

Normalmente, queremos seguir com todas as garantias e com o controle da rota. No caminho da fé somos levados a abrir mão das nossas falsas seguranças para confiar em Deus — e Nele, de fato, nos sentimos seguros.

Na vida passamos por lugares convidativos, que despertam em nós o desejo de permanecer, mas ainda assim seguimos em frente. No caminho da fé aprendemos a sair da zona de conforto e a nos desapegar para conhecer a providência divina — como o povo de Israel no deserto, que dependia do sustento do maná; da nuvem, que durante o dia os guiava e os protegia do sol escaldante; e da coluna de fogo à noite, que os aquecia e afastava as feras.

Muitas vezes titubeamos. E nos perguntamos: Seria tudo uma ilusão? Vale a pena confiar tanto naquilo que não vejo nem domino plenamente? Como é que vim parar aqui? Foi da dúvida que, segundo as Escrituras, surgiu para o povo de Israel a saudade do Egito e a tentação de retroceder. A dúvida e a sensação de que Deus está ausente nos levam a confiar em outros deuses, nos bezerros de ouro, na nossa própria capacidade e nos nossos recursos materiais.

A alegria do caminhante não está em chegar ao destino, mas no próprio caminho. Enquanto o turista observa a paisagem e os acontecimentos externos, guiado pela excitação dos sentidos, o peregrino faz um caminho interno, cujos alicerces estão na sensibilidade do coração. Faz, portanto, um caminho em direção a si mesmo e em direção a Deus.

Aqueles que têm sede e desejo pelo eterno sabem que o eterno existe. Pois se há sede, deve haver água. A sede e o desejo de Deus movem o peregrino. Assim canta Davi no Livro dos Salmos: "Como suspira a corça pelas correntes das águas, assim, por ti, ó Deus, suspira a minha alma. A minha alma tem sede de Deus, do Deus vivo. Quando irei e me verei perante a face de Deus?" (Sl 42,1-3).

A fé do peregrino está nessa busca interminável, sem retorno, no desejo de prosseguir, não importa qual o obstáculo, no anseio de chegar, de se ver perante a face de Deus. Nossa saudade do eterno e do infinito evidencia Deus. O peregrino é movido pela saudade. Só quem tem contato profundo com seu coração pode ter acesso a esse lugar árido e secreto, onde ansiamos por um amor perfeito, pela imortalidade, por um sentido para nossa existência. A sede e a saudade do divino, do eterno e do sagrado, movem a caminhada do peregrino. Como o navegante que quer chegar ao porto seguro. Como o nômade que atravessa o deserto para chegar à cidade edificada junto às fontes. Nosso porto seguro e nossa cidade definitiva estão nos céus. Até chegar lá somos peregrinos, caminhantes entre a terra e o céu.

Prosseguimos e crescemos pelo caminho. Descobrimos que precisamos viajar leves e carregar somente o essencial. Aprendemos a discernir e a simplificar nossa bagagem. Se nos apegamos ao consumo e às coisas materiais, a viagem se torna pesada e cansativa. E se carregamos muito entulho emocional, como ressentimento, amargura e tristeza, desistiremos no meio do caminho. Descobrimos que os maiores obstáculos não são externos, mas internos: a tentação de buscar atalhos, de levar uma bagagem pesada, de desistir e retroceder.

O peregrino torna-se maduro e adulto no caminho. Deixa de ser infantil e mimado para assumir responsabilidades, deixa de ser uma criança agitada à procura de sinais e provas. Basta o testemunho da Palavra, o amor do Pai, a força do Espírito Santo. E a companhia de Jesus Cristo, Aquele que desbravou o caminho antes de nós, que esteve no deserto e pode nos conduzir para fora dele. Ele é o nosso Salvador, nosso Guia, nosso Senhor.

Ser um peregrino implica abandonar as falsas e relativas seguranças deste mundo e se lançar na aventura de confiar em Cristo, Aquele que nos conduz pelo caminho, mas também afirma que Ele próprio é o caminho.

Converter-se significa despertar, levantar-se e colocar-se em marcha, deixar tudo e seguir Cristo, como fizeram os primeiros discípulos que Jesus encontrou na praia do mar da Galileia. Hoje, seguimos alguém que não podemos ver ou enxergar com os nossos olhos, mas as Escrituras, o Espírito Santo e a vida dos santos nos animam, são como pegadas que nos orientam na jornada. Com Jesus caminhamos das trevas à luz, da dúvida à fé, do engano à verdade.

Somos tentados a produzir e consumir manuais e receitas para a caminhada. Ou seguir gurus, conselheiros, pastores e padres que prometem métodos e roteiros infalíveis para chegar ao destino. Existem inúmeros livros, sites e outras publicações que ensinam recursos e técnicas para candidatos a peregrinos. Mas a verdadeira peregrinação só se aprende peregrinando. Aprendemos a caminhar, caminhando. A orar, orando. A amar, amando.

O peregrino renuncia às seguranças da retaguarda, sejam elas quais forem — dinheiro, bens, família, poder. É como quem chega a uma ilha desconhecida e queima os navios que poderiam garantir um retorno seguro. O peregrino segue adiante sabendo que não está só. Outros peregrinos, no passado e no presente, caminham ao seu lado. São os santos de ontem e hoje, que empreendem a mesma jornada, orientados e sustentados pelo mesmo Mestre.

Agradecimentos

Eu nunca pensei em me tornar um escritor.

No meu ofício pastoral e como orientador espiritual, desenvolvi, ao longo dos últimos quarenta anos, a habilidade de falar em público. Por meio de sermões, reflexões e meditações bíblicas, consigo articular e expressar verdades espirituais profundas.

Por conta disso, a certa altura alguns amigos me encorajavam a colocar essas percepções no papel, de modo que um número maior de pessoas pudesse delas se beneficiar. Mas bastava me sentar diante da tela em branco do computador para me sentir bloqueado, confuso e incapaz de desenvolver minhas ideias de forma coerente e natural. Não foi fácil vencer essa dificuldade, de passar da comunicação oral para a comunicação escrita.

Foi graças a alguns editores, que insistiram em ver algo meu publicado, que comecei a escrever artigos regularmente, os quais depois se transformaram no livro *Meditatio*. Descobri então que escrever é uma disciplina que tem suas dificuldades no início, mas que, com o tempo, se torna um trabalho espontâneo e natural.

Minha gratidão a Virginia Martin, Elbem Cesar, Marcos Simas e Mark Carpenter por abrirem as portas, respectivamente, das revistas *Enfoque Gospel*, *Ultimato*, *Cristianismo Hoje*, e da Editora Mundo Cristão.

Não poderia deixar de reconhecer e mencionar a inspiração que recebi de Dora Eli Martin Freitas, Carlos Hernandez e Hans Burki (*in memoriam*), mestres em ler a Bíblia e, ao mesmo tempo, o coração humano, fazendo a ponte entre os dois.

Nossa viagem à Terra Santa aconteceu em outubro de 2014, e o nosso pequeno grupo de peregrinos viveu uma profunda experiência espiritual. A todos meus agradecimentos pelos momentos de companheirismo cristão. Registro também meu reconhecimento pela amabilidade, eficiência e profissionalismo de Nely Alves Nascimento, da Tabor Turismo, e do nosso guia local Sebastian Tchechenitzky (Tchetche).

Sou imensamente grato a Laurentino Gomes. Depois de viajarmos juntos à Terra Santa, ele sugeriu que eu escrevesse um livro com as meditações que fiz para o grupo ao longo daquela peregrinação. Respondi que ninguém melhor do que ele poderia contar a história daquele lugar repleto de acontecimentos marcantes, mas também o palco para a revelação de Deus. A partir dessas conversas recebi dele o honroso e generoso convite para esta parceria. Agradeço também a Carmen, sua esposa, que com seu entusiasmo e profissionalismo muito contribuiu para esta obra.

Finalmente minha gratidão a Isabelle, minha querida esposa, pelo incentivo, apoio e ajuda com ideias, sugestões e correções desde meus primeiros escritos até hoje.

Assim surgiu *O caminho do peregrino*, uma história contada a quatro mãos, um relato de uma viagem e de uma peregrinação espiritual.

Osmar Ludovico da Silva
São Paulo, julho de 2015

Bibliografia

AS CITAÇÕES BÍBLICAS FORAM extraídas da Bíblia Sagrada, tradução de João Ferreira Almeida, edição revista e atualizada no Brasil (1969), Sociedade Bíblica do Brasil.

ASLAN, Reza. *Zelota: a vida e a época de Jesus de Nazaré*. Rio de Janeiro: Zahar, 2013.

BONDER, Nilton. *Tirando os sapatos: o caminho de Abraão, um caminho para o outro*. Rio de Janeiro: Rocco, 2008.

CROSSAN, John Dominic; REED, Jonathan L. *Excavating Jesus: Beneath the Stones, Behind the Texts*. Nova York: HarperCollins, 2001.

JULIATTO, Clemente Ivo. *Ciência e transcendência: duas lições a aprender*. Curitiba: Champagnat, 2012.

LIM, Timothy. *The Dead Sea Scrolls: A Very Short Introduction*. Nova York: Oxford University Press, 2005.

Mémoire du Christianisme (diversos autores). Paris: Éditions France Loisirs, 1999.

MONTEFIORE, Simon Sebag. *Jerusalém: a biografia*. São Paulo: Companhia das Letras, 2013.

MERTON, Thomas. *New Seeds of Contemplation*. New York: New Directions Book, 2007.

MURPHY-O'CONNOR, Jerome. *The Holy Land: An Oxford Archaeological Guide from Earliest Time to 1700*. Nova York: Oxford University Press, 2008.

RUTHERFORD, Dudley. *Journey with Jesus to Israel*. Edição do autor, 2012.

Veritatis Splendor, Memória e Ortodoxia Cristãs, disponível em: <www.veritatis.com.br>.

WILSON, Edmund. *Os manuscritos do mar Morto*. São Paulo: Companhia das Letras, 1993.

Este livro, composto na fonte Utopia, foi impresso
em papel Pólen Soft 80 g/m² na gráfica Imprensa da Fé.
São Paulo, agosto de 2015.